CHRISTIAN DRAPEAU

ICH LERNE ZU LERNEN

LOGOphon

Ich Lerne zu Lernen

1. Auflage 2000
ISBN 3-922514-04-9

Originalfassung „J'apprends à apprendre"
von Christian Drapeau

Deutsche Übersetzung: Philippe Hérissé, Mönchengladbach
Lektorat: Heinz Vollmer, Schlangenbad

Logophon Lehrmittel-Verlag und Bildungsreisen GmbH
Alte Gärtnerei 2
55128 Mainz
Telefon (0 61 31) 7 16 45
Telefax (0 61 31) 7 25 96
email: verlag@logophon.de
www.logophon.de

Druck:
etc... Slovakia, s. r. o.
SK-080 01 Prešov

Inhalt

VORWORT

Was versteht man unter beschleunigtem Lernen?

Der Begriff „beschleunigtes Lernen“ bezeichnet jede Vorgehensweise, Einstellung, Technik oder Methode, die das Lernen vereinfacht und die Aufnahme neuer Kenntnisse beschleunigt und erleichtert.

Der Mensch hat eine genau bestimmte physiologische, psychologische, psychische und neurologische Struktur oder, besser gesagt, er hat eine artspezifische Struktur. Leider haben die Pädagogen bei der Entwicklung passender Lernmethoden alle diese Komponenten selten berücksichtigt. Ergebnis: Wir haben nie *gelernt zu lernen*.

Wenn wir diese physiologischen, psychologischen und neurologischen Größen, aber auch unsere innere und äußere Realität beeinflussen, können wir unsere intellektuelle Aufnahmefähigkeit bedeutend erhöhen. Die Techniken des beschleunigten Lernens ermöglichen es, dass wir alle unsere Fähigkeiten und unsere gesamten Energien ausschöpfen, und begünstigen so ein optimales Lernen.

Es muss betont werden, dass einige dieser Techniken zu schnellen Ergebnissen führen, während andere Selbstdisziplin, Ausdauer und Beharrlichkeit verlangen.

Lernen ist an sich ein Lernprozess, und jeder Lernprozess verlangt eine gewisse Konzentration und einige Anstrengungen. Wir wollen aber unsere Anstrengungen attraktiv und effektiv gestalten!

1. Kapitel

ZUR GESCHICHTE DES BESCHLEUNIGTEN LERNENS

DARSTELLUNG VERSCHIEDENER VORGEHENSWEISEN

Das beschleunigte Lernen, wie wir es heute kennen, wurde ursprünglich in Bulgarien entwickelt. Schon Anfang der 60er Jahre beginnt nämlich Dr. Georgie Lozanov seine Forschungen über die Suggestopädie. Aber die vorhandenen Spannungen zwischen den Ländern des West- und Ostblocks beeinträchtigen erheblich jeden Austausch. Deshalb können erst Ende der 70er Jahre einige ausländische Forscher Zugang zu Dr. Lozanovs Arbeiten finden und so zur Verbreitung der Suggestopädie in Amerika beitragen.

Zwei Richtungen entstehen in der Folgezeit: die *Society for Accelerative Learning and Teaching* = SALT (Gesellschaft für beschleunigtes Lernen und Lehren) - die vor kurzem ihren Namen in *Global Alliance for Learning* (Weltbündnis für das Lernen) geändert hat - und das *Superlearning*, zwei Strömungen, die sich im Laufe der 80er Jahre weiterentwickeln.

Bei unserer Annäherung an das beschleunigte Lernen wollen wir uns nicht auf eine dieser beiden Strömungen beschränken, sondern eine eigene Methode vorschlagen, die jedoch das Beste aus den beiden anderen aufnimmt. Deswegen möchte ich zuerst beide Vorgehensweisen analysieren.

DIE SUGGESTOPÄDIE

Es ist schwierig, die Suggestopädie genau zu definieren, da sie einerseits im Laufe der Jahre zwar weit verbreitet wurde, jedoch mit häufig wechselnder Schwerpunktsetzung, und andererseits Dr. Lozanov selbst in mehrerer Hinsicht - wahrscheinlich aus politischen Gründen - einige wichtige Elemente seiner Methode verschwiegen zu haben scheint. Trotz zahlreicher Schwächen ist Dr. Lozanovs eigene Veröffentlichung *Suggestology and Outlines of Suggestopedy* (Suggestologie und Grundriss der Suggestopädie) die detaillierteste zu diesem Thema. Obwohl dieses Werk eine Fülle von Informationen bietet, bleibt die Beschreibung des tatsächlichen Unterrichtsverlaufs nach suggestopädischen Prinzipien eher ungenau. So betont Jane Bancroft, Linguistin an der Universität von Toronto:

> *„[…] möglicherweise hat man absichtlich versucht, die Methode für Menschen aus dem Westen unverständlich zu machen, indem man bestimmte Elemente, besonders diejenigen, die das Yoga betreffen, aus politischen Gründen vor der Veröffentlichung aus dem Werk gestrichen hat“*[1]

Während der 80er Jahre behaupteten zahlreiche Artikel, sie würden Lozanovs suggestopädische Vorgehensweise beschreiben. Jedoch stellten alle Artikel einen oder gar mehrere Aspekte der Methode unterschiedlich dar. Trotz dieser Ungenauigkeiten kann man grob die Entwicklung der Suggestopädie bis zum heutigen Stand nachzeichnen, oder zumindest bis zu dem Stand, den Lozanov am Ende seines Lebens erreicht hat.

Wie sie in einem Bericht von 1965, das heißt am Anfang ihrer Entwicklung, beschrieben wurde, bestand eine dem Spracherwerb gewidmete Suggestopädie-Sitzung aus zwei Teilen: einem aktiven und einem passiven. Während der aktiven Phase las der Lehrer fremdsprachliche Aussagen vor, die aus Wörtern oder Sätzen bestanden, gemeinsam mit der Übersetzung in die Muttersprache des Lernenden. Diese Aussagen wurden drei Mal vorgelesen, aber jedes Mal in einem anderen Ton, das heißt mit normaler, mit lauter und leiser Stimme. Der Lernende hörte dem Lehrer aufmerksam zu und las dabei die auf einem Blatt geschriebenen Aussagen.

Dann entspannte er sich und hörte passiv, ohne sich auf irgend etwas Bestimmtes zu konzentrieren, erneut die Aussagen, die in den verschiedenen Lautstärken vorgesprochen wurden. Diese Phase wurde durch die rhythmische Atmung ergänzt, die synchronisierend wirkt[2].

Ursprünglich wurde der passive Teil von leiser Barockmusik oder Musik der Klassik begleitet. Deshalb wurde der passive Übungsteil schnell **Passivkonzert** genannt. Dennoch bleibt unklar, welchen Stellenwert Lozanov der Musik einräumte. Was die aktive Phase betrifft, fand sie ohne Musik statt; der Lehrer bemühte sich, mit allen zur Verfügung stehenden Mitteln die Aussagen theatralisch vorzutragen, und nutzte dabei künstlerische Ausdrucksmittel wie Mimik und Gestik.

Anscheinend orientierte er sich anfänglich bei den Entspannungsübungen sehr stark an den Yoga-Methoden, die sich auf die Atmungskontrolle stützen. Es ist nicht auszuschließen, dass Lozanov sich vom Raja-Yoga inspirieren ließ, mit dem er sich lange vorher befasst hatte.

Später, Anfang der 70er Jahre, verzichtet Lozanov auf die eigentlichen Entspannungsübungen. Seiner Meinung nach reicht der durch die Musik hervorgerufene Passivitätszustand aus, um die erforderliche Konzentration und die gewünschte „psychische Entspannung" zu erzeugen. Von diesem Zeitpunkt an wurden die Entspannungs- und Atmungsübungen aus der Suggestopädie gestrichen. Folglich übernahm die Musik eine wichtigere Rolle. Der aktive Teil der suggestopädischen Sitzung wurde zum **Aktivkonzert**. Die Aussagen wurden – unterlegt von klassischer Musik – vorgelesen, und der Lehrer verschmolz mit der Musik, bis er Teil ihrer selbst wurde. Die Aussagen wurden gesungen und der Lehrer nutzte alle Modulationen und alle Klanghöhen aus, um den Text rhythmisch vorzutragen. Selbstverständlich erforderte dieser Übungsteil eine gründliche Vorbereitung von Seiten des Lehrers. Das **Passivkonzert** selbst blieb bis auf die Tatsache unverändert, dass Lozanov allmählich die klassische Musik zugunsten der Barockmusik aufgab, die unterschiedlichen Lautstärken zwar beibehielt, jedoch die Aussagen nur einmal lesen ließ, wobei der Lehrer die Lautstärke bei jeder Aussage änderte. Ende der 70er Jahre werden schließlich die Unterschiede in der Lautstärke aufgegeben.

Ende der 70er Jahre verlief eine Suggestopädie-Sitzung wie folgt:

1. Vorbereitung

Der Lehrer stellte den Inhalt der Sitzung vor und versuchte dabei, ein Freundschaftsverhältnis zu den Lernenden herzustellen, so dass ihr Selbstvertrauen und ihre Lust zum Lernen stimuliert wurden. War die Beziehung einmal aufgebaut, ergab sich die angenehme Atmosphäre von selbst. Um die Lernenden zu motivieren, fixierte man den Inhalt der Sitzung in verschiedenen Formen an den Wänden der Klasse: Zeichnungen, Bilder, Schlüsselwörter und -sätze usw.

2. Vorstellung

Der Inhalt der Sitzung bestand in einer kurzen Geschichte, die der Lehrer den Lernenden in der Sprache vortrug, die zu lernen war, er las dabei aber auch die Übersetzung in der Muttersprache vor. Der Lernende konnte zudem auf einem Blatt den Text mitlesen, sowohl in der Fremdsprache als auch in der Übersetzung. Der Lehrer fasste die Geschichte immer zuerst zusammen, um den Kontext zu verdeutlichen, dann las er den Text vor und stellte Parallelen zu der Übersetzung her. Die Lernenden konnten, wenn sie Lust dazu hatten, die Sätze wiederholen, dies war in dieser Phase der Übung jedoch keineswegs Pflicht. Schon da setzte der Lehrer auch Mimik und Gestik ein. Der Text wurde solange mit dieser Methode eingeübt, bis er den Lernenden vertraut war.

Wenn der Text einmal ganz durchgearbeitet worden war, ging man zum Aktivkonzert über. Der Raum sollte hell sein und man bat die Lernenden, es sich so bequem wie möglich zu machen. Man bevorzugte für diesen Teil der Sitzung romantische Musik. Am Ende der Einführung las der Lehrer den Text in der Fremdsprache vor, modulierte seine Stimme und folgte der Musik, als handelte es sich um eine Oper. Zu diesem Zeitpunkt wurde der Text nur in der Fremdsprache vorgelesen. Die Lernenden verfolgten die Geschichte, indem sie je nach Anweisung und Bedürfnis den Text oder die Übersetzung mitlasen oder den Lehrer anschauten.

Dann machten es sich die Lernenden nach einer kurzen Pause, während der nicht gesprochen werden durfte, wieder für das Passivkonzert bequem. Diesmal wurde Barockmusik benutzt. Der Lehrer las den Text noch einmal mit klarer, lauter, aber ruhiger Stimme vor und vergaß dabei nicht, die Übersetzung folgen zu lassen. Während des Passivkonzerts wurde keine neue lexikalische oder linguistische Information gegeben. Den Lernenden wurde jedoch empfohlen, den Text am Abend noch einmal durchzulesen, bevor sie sich schlafen legten.

3. Wiederaufnahme und Vertiefung

Am nächsten Tag wurde der am Vortag gelernte Text erneut gelesen. Lozanov betonte nachdrücklich, dass die Vertiefung eines Textes nie an dem Tag erfolgen sollte, an dem er gelernt wurde. Es ist in der Tat immer besser, man „schläft" über eine neue Information, bevor man sie vertieft. Das Passivkonzert fand übrigens oft am Tag nach dem Aktivkonzert statt.

Die Wiederaufnahme und Vertiefung des einstudierten Textes vollzog sich in Form von Spielen, Sketchen und Liedern. Die Lernenden wurden ermutigt, so viel wie möglich in der Fremdsprache miteinander zu reden. Die Vertiefung dauerte ungefähr doppelt so lang wie die Konzerte.

Damit Sie sich eine Vorstellung machen können, sei erwähnt, dass eine durchschnittliche suggestopädische Unterrichtsreihe, die zum Ziel hatte, die Grundregeln einer Fremdsprache und einen Wortschatz von circa zweitausend Wörtern zu lernen, zehn Tage dauerte – bei einer täglichen Arbeitszeit von ungefähr sechs Stunden.

4. S.A.L.T.

Dr. W. J. Bancroft von der Toronto-Universität hat die Suggestopädie in Amerika Ende der 70er Jahre bekannt gemacht. Dies führte zur Gründung der *Society for Accelerative Learning and Teaching* (S.A.L.T.) Diese neue Schule unterscheidet sich von Lozanovs klassischer Suggestopädie durch die Anwendung von Entspannungs- und Visualisierungstechniken, von bestimmten Atmungsübungen, die sich am Yoga orientieren, und in der Anfangsphase durch den konsequenten Einbezug der rhythmischen Atmung.

Auf Verlangen von Dr. Jane Bancroft wurde die rhythmische Atmung integriert, weil sie darin ein Schlüsselelement von Lozanovs Vorgehensweise sah. Lozanov mag tatsächlich die rhythmische Atmung angewendet haben, aber in keiner seiner Veröffentlichungen ist dies zweifelsfrei erwähnt. Zwar haben zahlreiche Forscher in den USA und in Kanada die rhythmische Atmung benutzt, es bleibt dennoch fraglich, ob sie wirklich zur Verbesserung der Aufnahme und des Behaltens beiträgt. Aber ob die rhythmische Atmung nun eine entscheidende Rolle spielt oder nicht, sie wurde allmählich aufgegeben, weil ihre Anwendung eine starke Einengung bedeutet. Sie erfordert soviel Aufmerksamkeit und Selbstkontrolle, dass sie einige Personen eher ablenkt.

Die S.A.L.T. hat in ihre Vorgehensweise die Forschungsarbeiten von Howard Gardner über die verschiedenen Intelligenzarten und diejenigen von Jane Healy, Rita Dunn und Robert Sternberg über diesen Aspekt der kognitiven Psychologie einbezogen.

DAS SUPERLEARNING

Anfang der 80er Jahre tauchte eine andere Form der Suggestopädie in Amerika auf. Diese Vorgehensweise, *Superlearning* genannt, wurde von zwei amerikanischen Journalistinnen entwickelt, die an der Seite von Lozanov gearbeitet haben: Sheila Ostrander und Lynn Schroeder.

Das Superlearning ist der durch die S.A.L.T. verbreiteten Form der Suggestopädie sehr ähnlich; auch sie benutzt Entspannung, Visualisierung und rhythmische Atmung. Gerade das Superlearning betont am stärksten die Rolle der rhythmischen Atmung. Genauso wie Dr. Bancroft betrachten Ostrander und Schroeder sie als Schlüsselelement des beschleunigten Lernens. In dieser Hinsicht behalten sie Lozanovs Methodologie bei, der Dr. Bancrofts Meinung nach einen 2-4-2-Rhythmus benutzte, bei dem der Atem vier Sekunden lang angehalten wird. Ostrander und Schroeder behaupten jedoch, bestimmte Forschungen hätten ergeben, dass ein 5-10-5-Rhythmus -

der Atem wird dann zehn Sekunden lang angehalten - die Aufnahme am stärksten begünstigt.

Was aber das Superlearning grundlegend von den anderen Varianten der Suggestopädie unterscheidet, ist, dass es keinen Lehrer gibt. Das Superlearning ist sozusagen eine „Selbstprogrammierung" der Suggestopädie. Daraus folgt, dass die für Lozanovs suggestopädische Vorgehensweise so wesentliche Beziehung zwischen Lehrer und Lernendem dem Superlearning vollkommen fremd ist. Es besteht eigentlich nur in einem Passivkonzert, das man allein gestaltet. Zur Vorbereitung des Textes, den man lernen will, teilt man diesen in Aussagen von jeweils vier Sekunden Länge ein, die man auf Band spricht. Dann versetzt man sich in einen Zustand tiefer Entspannung, hört das Band ab und wendet dabei die rhythmische Atmung an. Obwohl diese Vorgehensweise nicht uninteressant ist und sich in mancherlei Hinsicht als wirksam erwiesen hat, scheint es, dass ihre Erfinder keine breiten experimentellen Forschungen betrieben haben und dass das Superlearning ursprünglich darin bestand, Lozanovs Ansatz auf eine theoretische Basis zu stellen.

Aus den beschriebenen unterschiedlichen Vorgehensweisen kann man bestimmte Gemeinsamkeiten ableiten, darunter die Anwendung

- der Entspannung,
- der Visualisierung,
- der Suggestion,
- einer bestimmten Art von Musik,
- der rhythmischen Atmung oder zumindest bestimmter Atemübungen.

Wie schon erwähnt, möchte ich mich in diesem Buch nicht dogmatisch auf eine einzige Vorgehensweise beschränken, sondern eher vorurteilsfrei jeden Aspekt untersuchen, der zur Lernbegünstigung beitragen kann. Zur Erinnerung: Lernen kann man dann am besten, wenn Körper und Geist ausgeglichen sind und wenn man beim Aufnehmen von Informationen bestimmte Grundsätze der menschlichen Neurologie und Psychologie berücksichtigt.

Das beschleunigte Lernen ist vor allem die Kunst, Hilfsmittel zur Verfügung zu stellen, die das individuelle Lernvermögen optimal aktivieren. Es ist ein Zusammenspiel von Techniken, Einstellungen und Kenntnissen, das ermöglicht, neue Begriffe schneller zu verstehen, sich schneller einzuprägen und gleichzeitig die Behaltensquote zu erhöhen.

Nun werden wir die verschiedenen Grundsätze des beschleunigten Lernens im Einzelnen untersuchen und sehen, wie sie in einer einfachen und wirksamen Vorgehensweise aufeinander abgestimmt werden, ohne dabei ihre spezifischen Eigenschaften zu verlieren.

Kapitel 2

ZUERST DIE KONTROLLUNTERSUCHUNG

François ist zehn Jahre alt. Bis jetzt waren seine Schulleistungen zufriedenstellend. Aber seit Anfang des vierten Schuljahres läuft nichts mehr. Seine Noten haben sich verschlechtert, er kann sich nur schwer konzentrieren, während des Unterrichts redet er ständig mit seinen Klassenkameraden und schaut bei jeder Gelegenheit zum Fenster hinaus. Anfang des Sommers hat er einen Fahrradunfall gehabt. Er ist gefallen und ist sehr hart mit dem Kopf auf den Boden geschlagen. Glücklicherweise war, abgesehen von starken Kopfschmerzen während ein paar Tage, nichts Ernsthaftes zurückgeblieben und die ganze Geschichte war schnell vergessen.

Sébastien, das ist kein Geheimnis, ist hyperaktiv. Er kann nie lange an derselben Stelle bleiben, hüpft ständig umher. Ist Sitzen angesagt, bleibt er keine Minute ruhig, schaukelt auf seinem Stuhl oder trappelt mit den Füßen. Wenn er versucht, sich zu konzentrieren, hängt er über seinem Schreibtisch wie eine verrenkte Marionette. Seine Eltern fürchten, dass er später den Kreis der Versager vergrößern wird.

Annie geht es ähnlich wie François. Sie gehörte zwar nicht zur Spitze der Klasse, konnte sich aber immer von den Noten her im Durchschnitt halten. Seit ein paar Monaten aber verschlechtern sich ihre Schulergebnisse trotz aller Versuche ihrer Eltern, ihr zu helfen und sie zu motivieren. Annie wurde von einem Kieferorthopäden untersucht und trägt seit ungefähr einem Jahr eine Zahnklammer.

In der Tat sind ihre Schulprobleme schon kurz nach Beginn der Zahnbehandlung aufgetaucht.

Auch Julie bereitet ihren Eltern große Sorgen, denn sie hat einige Schwierigkeiten in der Schule. Nachdem entdeckt wurde, dass sie leicht kurzsichtig ist und ihr Korrekturgläser verschrieben wurden, dachte man, das Problem sei gelöst. Aber, obwohl sie im Unterricht besser aufpasst, entsprechen ihre Leistungen offensichtlich nicht ihren Möglichkeiten. Ihre Eltern sind unter anderem beunruhigt, weil ihr Lehrer bemerkt hat, dass sie, seitdem sie eine Brille trägt, im Unterricht verstärkt schwatzt.

Was haben François, Sébastien, Annie und Julie gemeinsam? Sie haben okulomotorische Störungen und Haltungsschäden.

***

Was machen Sie (oder sollten Sie zumindest machen), wenn Sie eine lange Autoreise unternehmen wollen? Sie bringen selbstverständlich ihren Wagen zur Kontrolluntersuchung. Sie vergewissern sich, dass der Automechaniker Motor, Stoßdämpfer, Radstand und Auswuchtung überprüft.

Genauso ist es für uns wichtig, bevor wir unsere Entdeckungsreise in das Land der Lernmethoden antreten, dass wir vorher kurz einhalten und uns mit bestimmten Elementen befassen, die für das Lernen grundlegend sind: mit dem okulomotorischen Apparat und der Körperhaltung. Keine Lernmethode, um welche es sich auch immer handeln mag, kann nämlich etwas nützen, wenn das Organ, mit dem wir die Information aufnehmen (Körper, Augen, Ohren), nicht imstande ist, mit uns gut zusammenzuarbeiten. Auf den ersten Blick mag es seltsam scheinen, Sie werden aber schnell verstehen, dass Sie immer Schwierigkeiten beim Lernen haben werden, wenn Sie okulomotorische Schwächen oder Haltungsschäden haben, ganz unabhängig von der angewendeten Lerntechnik.

Aber zuerst: Was versteht man unter **okulomotorisch**?

Dieser Begriff umfasst alles, was die Bewegungsfähigkeit der Augen betrifft. Die Gesamtheit der Muskeln, die zur Beweglichkeit der Augen beitragen, werden okulomotorischer Apparat genannt.

Wenn Sie unter einer Augenkrankheit leiden, wie Bindehautentzündung oder Netzhautablösung zum Beispiel, suchen Sie wahrscheinlich einen Augenarzt auf. Wenn Sie kurzsichtig oder weitsichtig sind oder unter Astigmatismus leiden, gehen Sie zum Optiker. Wenn Sie keines dieser Probleme haben, aber dennoch beim Lesen schnell ermüden, wenn Sie nie lange fernsehen können, ohne buchstäblich in ihrem Sessel zu versinken, oder wenn Sie zu ihrem Leidwesen oft gegen Türrahmen stoßen und über die letzten Treppenstufen stolpern, dann leiden Sie vielleicht an Konvergenzschwäche oder Heterophorie. Aber wenn Sie ihn nicht fragen, wird weder Ihr Augenarzt noch Ihr Optiker Ihnen dies sagen. Die Fachleute können das Problem erkennen, aber seine Folgen für den ganzen Körper und folglich für die geistigen Fähigkeiten sind noch immer kaum bekannt.

Die Konvergenzschwäche und die Heterophorie gehören zu den okulomotorischen Störungen. Das bedeutet, dass die Augen sich nicht harmonisch, sondern unkoordiniert in den Augenhöhlen bewegen. Es ist ungefähr wie bei einem Auto, dessen Räder schlecht ausgewuchtet sind oder nicht parallel zueinander stehen oder bei dem ein Rad schlecht angeschraubt ist: Sie könnten keine lange Reise unternehmen, ohne dass Sie ermüden oder, schlimmer noch, ohne einen Unfall zu riskieren.

Die Konvergenz wird definiert als die Bewegung der Augen nach innen, die es ermöglicht, einen nahen Gegenstand im Blick zu halten. Nehmen Sie einen Stift in die Hand und halten Sie ihn in circa 30 cm Abstand von den Augen, schauen Sie die Spitze an und bewegen Sie ihn langsam auf die Nase zu. Ihre Augen drehen sich automatisch zur Nasenwurzel: Dieses Phänomen wird **okuläre Konvergenz** genannt.

Wenn Sie unter Konvergenzschwäche leiden, haben Sie Schwierigkeiten beim Lesen und ermüden schnell. Hören Sie einem Lehrer oder einen Redner zu und müssen dabei abwechselnd auf die Tafel und auf Ihren Schreibtisch schauen, ohne den Lehrer aus den Augen zu verlieren, beginnen Sie bald, sich unwohl zu fühlen. Sie werden sich spontan in die letzte Reihe setzen, um Ihre Augen zu schonen. Wenn Sie unglücklicherweise in der ersten Reihe sitzen, werfen Sie höchstwahrscheinlich ab und zu einen Blick durch das Fenster!

Sind Ihre Augen dagegen nicht zentriert, leiden Sie unter Heterophorie, das heißt Folgendes: Wenn Sie einen bestimmten Punkt betrachten, blickt eins Ihrer Augen etwas oberhalb oder unterhalb oder ein bißchen links oder rechts von diesem Punkt. In diesem Fall sind eher die Höhenunterschiede problematisch, wenn ein Auge etwas oberhalb oder unterhalb des anderen schaut. Um nicht zu ermüden, müssen Sie dann den Kopf zur Seite neigen, wenn Sie fern-

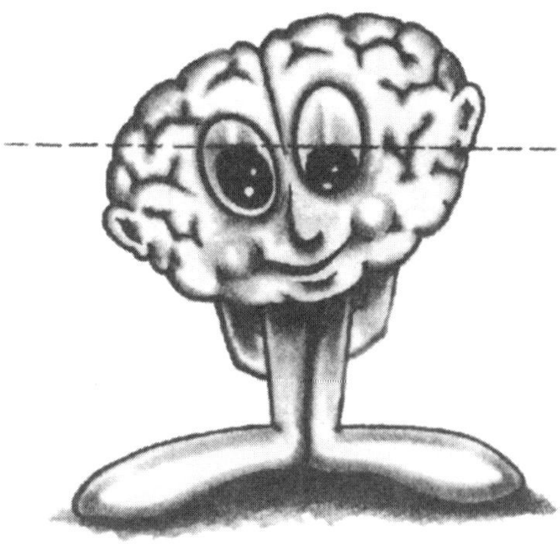

sehen oder einem Lehrer zuschauen; das führt dazu, dass Sie den Ellbogen auf den Tisch legen und den Kopf auf die Hand stützen. Innerhalb von zwei Minuten liegen Sie regelrecht auf dem Tisch. Im Kino ist es noch schlimmer. Sie versinken in Ihrem Sessel, neigen den Kopf nach hinten, suchen nach einer bequemen Stellung auf der Lehne. Wenn Sie es eilig haben, greifen Sie oft neben die Türklinke, stoßen gegen den Türrahmen oder stolpern über eine Treppenstufe.

Die Heterophorie - und ich denke vor allem an die Höhenunterschiede - kann ernsthaft behindern. Wenn beide Augen nicht genau dieselbe Stelle erfassen, sieht sich das Gehirn manchmal dazu gezwungen, das von einem Auge kommende Bild zu ignorieren; es will dadurch jede Doppeldeutigkeit vermeiden. Diese Kompensation durch das Gehirn vermeidet nämlich, dass jemand ständig durch ein verschwommenes, doppeltes oder uneindeutiges Bild gestört wird. Wenn Sie unter Heterophorie leiden, sieht zum Beispiel beim Lesen das eine Auge eine Zeile, während das andere zwischen den Zeilen oder gar eine Zeile darüber schweift. Stellen Sie sich vor, wie verwirrend die Nachricht ist, die das Gehirn empfängt! Will es die Nachricht eindeutig machen, muss es das Bild, das von einem Auge kommt, löschen. Lesen wird anstrengend und schwierig, es verursacht Kopfschmerzen und ermüdet die Augen. Als Erwachsener schließt man das Buch und schaltet den Fernseher an. Das Kind in der Schule wendet sich seinem Tischnachbarn zu und wird - vom Standpunkt des Lehrers aus gesehen - schwatzhaft und unaufmerksam.

Das Gehirn bevorzugt manchmal ein Auge so stark, dass es das andere „ausschließt“ und das binokulare Sehen dadurch verloren geht. In diesem Fall können Sie Hand und Auge schlecht koordinieren, aus Angst vor Menschenmengen gehen Sie ungern aus, denn Ihre Augen können Ihre unmittelbare Umgebung nur ungenau wahrnehmen.

Was verursacht okulomotorische Schwächen und was haben diese zur Folge?

Ein Schlag auf den Kopf (wie bei François) oder ein harter Fall auf das Steißbein können okulomotorische Störungen verursachen. Eine Erstinfektion mit Windpocken, Röteln oder Tuberkulose, Hepatitis - im Besonderen Hepatitis B - oder ein meningeales Syndrom, das nicht unbedingt zu einer Hirnhautentzündung führt, können ebenfalls okulomotorische Störungen verursachen. Eigentlich beeinträchtigt vor allem die Einnahme von Medikamenten in Verbindung mit diesen Krankheiten den okulomotorischen Apparat. Die Einnahme von Antidepressiva wie den trizyklischen verursacht mit Sicherheit eine Konvergenzschwäche. Das Tragen von kieferorthopädischen Hilfsmitteln (wie sie Annie trägt) führt in den meisten Fällen zu einer Konvergenzschwäche, die wiederum das Risiko einer Skoliose vervierfacht.

Schlecht zentrierte Brillengläser (wie sie Julie trägt) können Heterophorie hervorrufen. Probleme mit den Füßen (wie diejenigen, unter denen Sébastien leidet), wie zum Beispiel Knickfüße, Plattfüße oder Hohlfüße können auch zu Heterophorie führen. Wie können Sie aber feststellen, ob Ihr Kind unter okulomotorische Schwächen leidet? Und vor allem, wie können Sie diese korrigieren?

DIE KONVERGENZSCHWÄCHE

Wollen Sie wissen, ob bei Ihnen die Konvergenz normal funktioniert, dann lassen Sie sich von jemandem beim folgenden Test helfen: Sie nehmen einen Stift, halten ihn ungefähr 30 cm weit von Ihren Augen entfernt und schauen genau auf die Spitze. Führen Sie den Stift langsam bis auf 1 cm an Ihre Nasenwurzel, zwischen die Augen. Ihr Helfer soll sehen, wie sich Ihre beiden Augen gleichmäßig zur Mitte hin bewegen, und Sie sollten im Stande sein, die Spitze wenigstens 5 Sekunden lang zu fixieren, sonst leiden Sie unter Konvergenzschwäche. Wenn bei Ihnen die Konvergenz perfekt ist, sieht Ihr Helfer das Weiße Ihrer Augen zwischen Regenbogenhaut und Nasenwurzel nicht mehr.

Halten Sie dann den Stift weiterhin gerade vor die Nasenwurzel, schauen Sie in die Ferne, dann auf den Stift. Schauen Sie erneut in die Ferne und führen Sie Ihren Blick wieder zum Stift zurück und so weiter. Dies ist der „fern-nah"-Test. Die Augen müssen sich gleichmäßig nach innen bewegen.

Die am häufigsten auftretenden Probleme bei diesem Test sind folgende: a) Ein Auge neigt dazu, aufzugeben und kehrt zur primären Augenstellung zurück, b) beide Augen neigen dazu, zur primären Augenstellung zurückzukehren, c) ein Auge bewegt sich hin und her, d) ein Auge bleibt unbeweglich, während sich das andere ganz normal nach innen bewegt, e) oder im schlimmsten Fall bewegen sich beide Augen nicht, so dass keine Konvergenz stattfindet. Sie sehen dann zwei Stifte. In diesem Fall spricht man von Hypokonvergenz; das Auge mit dieser Störung wird als **hypokonvergent** bezeichnet.

Meistens bleibt eine leichte Hypokonvergenz ohne Folgen, obwohl sie die Ursache gewisser Haltungsschäden und dadurch zum Beispiel bestimmter Migräne-Arten sein kann. Wenn ein Auge es aber nicht schafft, mehr als einige Sekunden den Stift vor der Nasenwurzel zu fixieren, sollen Sie sich darüber im Klaren sein, dass Sie vielleicht gerade die Ursache für eine Reihe von eventuellen Problemen aufgedeckt haben, von den Lese- und Konzentrationsschwächen bis hin zu den Rückenschmerzen und dem gefürchteten „Ischias" über die chronische Migräne und die Neuralgien. Wenn Sie nichts gegen diese Konvergenzschwäche unternehmen, wird dieses Problem nie gelöst. Einige Übungen zum richtigen Sehen, die man ein paar Wochen lang macht, reichen jedoch aus, um in den meisten Fällen dieses Problem zu beseitigen.

Übungen

Die Übungen sollen in der Reihenfolge gemacht werden, in der sie vorgestellt werden. Sie dürfen erst zur nächsten übergehen, wenn Sie die vorherige beherrschen, selbst wenn es Wochen dauern sollte. Ideal ist, wenn Sie zweimal am Tag drei bis fünf Minuten üben.

Übung 1

Nehmen Sie einen Stift, halten Sie ihn circa 30 cm von den Augen entfernt und schauen Sie auf seine Spitze. Führen Sie ihn langsam kreisend an die Nasenwurzel. Wird Ihr Blick unscharf oder sehen Sie den Stift doppelt, fangen Sie von vorne an. Sie haben die Übung bewältigt, wenn Sie den Stift bis zur Nasenwurzel verfolgen können, ohne dass Sie die Spitze doppelt sehen.

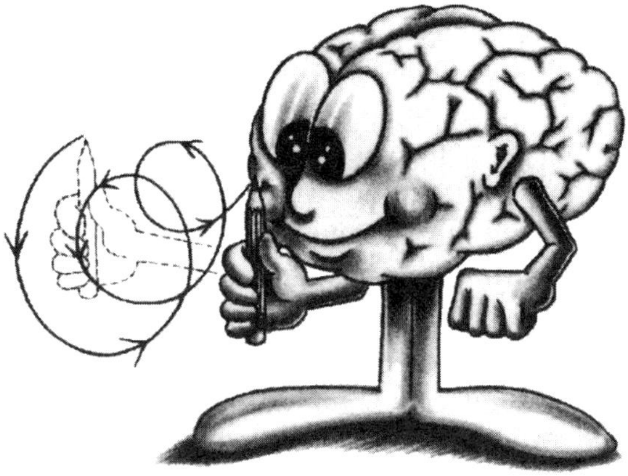

Vergessen Sie am Ende einer jeden Übung nicht, Ihren Augen eine Erholung zu gönnen: Schauen Sie durchs Fenster in die Weite, so dass die Augen wieder die primäre Augenstellung einnehmen.

Übung 2

Achten Sie darauf, dass Sie den Kopf ganz gerade halten. Nehmen Sie einen Stift und halten Sie ihn circa 30 cm von den Augen entfernt auf der Seite Ihres hypokonvergenten Auges. Führen Sie ihn langsam geradlinig an das gesunde Auge. Wenn Sie die Bewegung richtig ausführen, bleibt das gesunde Auge unbeweglich, während das hypokonvergente Auge von einer Seite der Augenhöhle zur anderen wandert.

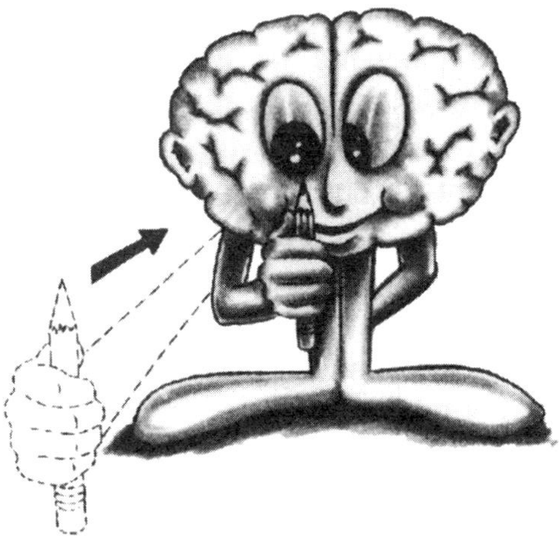

Übung 3

Legen Sie einen Finger auf die Nasenspitze und fixieren Sie ihn. Lassen Sie ihn die Nase hoch bis zu den Augenbrauen gleiten und behalten Sie dabei den Finger im Blick, lassen Sie dann den Finger in umgekehrter Richtung bis zur Nasenspitze zurückgleiten. Auch dieses Mal haben Sie die Übung bewältigt, wenn Sie den Finger verfolgen können, ohne dass das Bild sich verdoppelt.

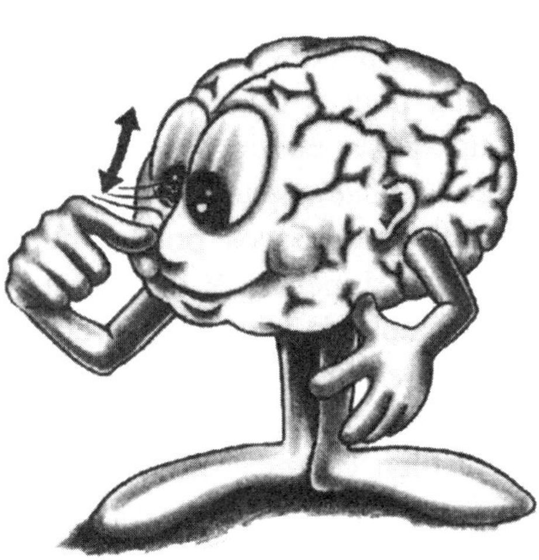

Übung 4

Schneiden Sie sich einen Pappkarton zurecht, auf dessen Vorder- und Rückseite Sie jeweils einige durch eine Linie verbundene Kreise zeichnen. Achten Sie darauf, dass die Linien und Kreise auf beiden Seiten übereinstimmen (siehe Beispiel S. 20). Die Übung fällt leichter, wenn Sie die Kreise abwechselnd mit zwei Farben bemalen. Stellen Sie den Karton senkrecht gegen Ihre Nase, die Linie soll in Augenhöhe sein. Dann führen Sie den Blick von einem Kreis zum nächsten. Vergessen Sie nicht, jeden Kreis genau zu fixieren.

DIE HETEROPHORIE

Nehmen Sie wieder den Karton aus der Übung 4 und stellen Sie ihn an die Nasenwurzel. Wenn Sie die Linien auf verschiedenen Höhen sehen, leiden Sie unter Heterophorie. Sie können dieses Problem lösen, indem Sie jeden Tag 3 bis 5 Minuten folgende Übung machen:

Übung 5

Strecken Sie die Arme aus mit den Daumen nach oben, diese sollen circa 5 cm auseinander stehen. Schauen Sie in die Ferne, weit hinter die Daumen, so als würden Sie vor sich hin träumen. In Ihrem Blickfeld sehen Sie dann 4 Daumen. Bewegen Sie die Daumen bis auf ungefähr 2 cm aufeinander zu, bis die zwei Daumen, die Sie in der Mitte sehen, absolut genau übereinander stehen und Sie nur noch insgesamt drei Daumen sehen. Der Daumen in der Mitte erscheint dann dreidimensional. Führen Sie anschließend die Daumen näher zu sich heran und fixieren Sie dabei den dreidimensionalen in der Mitte. Wenn Ihnen diese Übung nicht gelingt, sollten Sie lieber einen Orthopäden aufsuchen, der mit diesem Problem vertraut ist. Wenn Sie übrigens eine Brille tragen, wäre es ratsam zu kontrollieren, ob sie richtig zentriert ist, das heißt, wirklich zur Verbesserung ihrer Sicht beiträgt und nicht erneut Heterophorie verursacht.

Für diese Übung müssen Sie eine senkrechte Linie suchen, wie z.B. eine Fensterecke, einen Fenster- oder Türrahmen. Nehmen Sie Ihre Brille ab und halten Sie diese waagerecht circa 20 cm von den Augen entfernt. Schauen Sie durch das eine Glas auf die senkrechte Linie, die Sie ausgewählt haben, stellen Sie das Glas so, dass die Linie nicht gebrochen wird, sondern in einem fortläuft. Zeichnen Sie anschließend die senkrechte Linie mit einem **löslichen** Filzstift **auf das Brillenglas**. Verfahren Sie mit dem anderen Glas genauso. Drehen Sie dann Ihre Brille senkrecht, das heißt im rechten Winkel zur vorherigen Stellung, und gehen Sie in der gleichen Weise vor.

Nach diesem Experiment sollten Sie nun ein Kreuz auf jedem Glas sehen. Setzen Sie Ihre Brille wieder auf und stellen Sie sich vor einen Spiegel. Wenn bei jedem Glas das Zentrum des Kreuzes nicht genau vor der Mitte der Pupille steht, sind Ihre Gläser nicht zentriert. Wenn beide Kreuze unterhalb oder oberhalb der Pupillen ihre Zentren haben, verbiegen Sie leicht Ihr Brillengestell, so dass die Gläser auf der Nase höher bzw. tiefer liegen. Wenn Sie es nicht schaffen, die Kreuze auf die Pupillen zu zentrieren, suchen Sie Ihren Optiker auf und verlangen Sie, dass er die Gläser kontrolliert, vielleicht müssen sie nachgebessert werden.

HALTUNGSSCHÄDEN

Zunächst müssen Sie wissen, dass, selbst wenn die okulomotorische Muskeln und die Muskeln, die für den Haltungstonus sorgen, auf den ersten Blick unabhängig erscheinen, es eine enge Verbindung zwischen Auge und Haltung gibt[3]. Wer „gut sehen heißt gut gehen" gesagt hat, wusste wahrscheinlich nicht, wieviel Wahrheit in seinem Spruch steckte. Für unsere Zwecke können wir hier auf Einzelheiten verzichten. Ich möchte nur erwähnen, dass Störungen der okulomotorischen Muskeln sehr oft die Ursache von Haltungsschäden sind, wie auch von Rückenschmerzen, Gelenkschmerzen, Neuralgien und sogar Fußschäden.

Was passiert, wenn Konvergenzschwäche oder Heterophorie Haltungs- oder Fußschäden auslösen? Oder wenn man Probleme mit den Füßen hat, die nichts mit den Augen zu tun haben?

Erstens fühlt sich die Person unwohl, wenn sie lang stehen muss. Wenn es sich um ein Kind handelt, geht es auf Zehenspitzen, läuft dauernd umher oder verlangt ständig, man möge es tragen. Zweitens lösen Knick-, Platt- oder Hohlfüße häufig Rückenschmerzen aus. Eine mit dieser Art von Problemen konfrontierte Person fühlt sich unbehaglich, wenn sie sitzt. Handelt es sich um ein Kind, bewegt es sich ununterbrochen auf seinem Stuhl oder schaukelt darauf, trappelt mit den Füßen oder lässt sich regelrecht auf seinen Schreibtisch fallen. Es versteht sich von selbst, dass die Schulergebnisse darunter leiden. Wenn das Kind aufgeweckt und intellektuell begabt ist, wird es oft als hyperaktiv eingestuft, obwohl das Problem nur in schwachen oder leicht anormalen Füßen liegt.

Wenn Sie den Verdacht haben, dass Sie selbst oder Ihr Kind unter Haltungsschäden leiden, wäre es ratsam, einen Orthopäden aufzusuchen.

Die Sitzhaltung, die Sie zum Beispiel beim Lesen einnehmen, wirkt sehr stark auf Ihre Konzentration und Ihre Aufmerksamkeit. Durch einfache kinesiologische Tests kann man leicht beweisen, dass die Fähigkeit zur Konzentration und Aufmerksamkeit sinkt, wenn man eine andere Haltung als die folgende einnimmt: Rücken und Kopf gerade halten, die Füße flach auf den Boden stellen, das Becken soll gleichmäßig belastet auf dem Stuhl ruhen.

Wollen Sie zum Beispiel das schnelle Lesen anwenden, worauf wir später noch näher eingehen werden, und sitzen nicht richtig, werden Sie Ihr Ziel nicht erreichen. Versuchen Sie, einen schwierigen Begriff aus der Philosophie oder einer Wissenschaft zu verstehen, könnte eine gute Haltung den Ausschlag geben zwischen „Ach, ich werde es nie schaffen!“ und „Oh ja, jetzt verstehe ich!“

Die richtige Sitzhaltung

Richtiges Sitzen ist sehr einfach. Falls Sie schon die Röntgenaufnahme eines Beckens gesehen haben, werden Sie festgestellt haben, dass seine Form an eine Schüssel erinnert. Stellen Sie sich vor, es ist eine Schüssel voll Wasser. Setzen Sie sich mit geradem Rücken und flach auf dem Boden liegenden Füßen hin und beugen Sie das Becken langsam nach vorne, als wollten Sie etwas Wasser ausschütten. Beugen Sie danach das Becken langsam nach hinten. Beobachten Sie, ob und wann Spannungen im Rücken entstehen und wieder verschwinden oder wann Sie anfangen bzw. aufhören, sich unwohl zu fühlen[4]. Bewegen Sie sich langsam einige Male so hin und her, dadurch finden Sie bald die ideale Beckenhaltung, die die Rückenmuskulatur maximal entlastet und entspannt. Sie sitzen dann vollkommen im Gleichgewicht. Diese Haltung ermöglicht es Ihnen, eine gute, nicht nachlassende Konzentration zu erreichen.

Wenn Sie Unwohlsein oder Rückenschmerzen, Müdigkeit oder Abgespanntheit bei dieser Sitzhaltung verspüren oder wenn das geringste Geräusch Sie in Ihrer Konzentration stört, sind bei Ihnen die Muskeln, die für den Haltungstonus sorgen, vermutlich in irgendeiner Weise geschädigt. Sie sagen sich nicht „Oh, der Muskel *latissimus dorsi* ist verspannt und der zehnte Wirbel in Mitleidenschaft gezogen; deshalb kann ich mich nicht konzentrieren!“ Sie fühlen sich ganz einfach unwohl und ergreifen jede Gelegenheit (Geräusche, ein Telefonat erledigen, den Müll wegbringen, usw.), um von Ihrem Stuhl wegzukommen. Ich wiederhole es noch einmal: Sie sollten lieber einen Orthopäden aufsuchen.

Ich möchte jetzt einen letzten Punkt näher untersuchen, der Sie vielleicht überraschen wird: Metalle und Amalgame.

METALLE UND AMALGAME

Was haben Metalle und Amalgame mit dem Lernen zu tun?

Bei Metallen gilt es, das Vorkommen von mehreren Metallsorten auf oder in dem Körper zu beachten. Wenn sich zwei verschiedene Metallsorten in derselben Salzlösung befinden oder wenn sie durch ein leitendes Medium voneinander getrennt sind oder wenn sie sich darin befinden, entsteht elektrischer Strom. Dieses Phänomen nennt man **Elektrogalvanismus**. Schwacher elektrischer Strom stört nun aber das Nervensystem und die elektrische Aktivität des Körpers.

Elektrogalvanismus kann zum Beispiel im Mund zwischen einer Plombe und einer Krone entstehen, zwischen einer Plombe und einem Ohrring, zwischen zwei Plomben oder zwischen einer Plombe und einer Metallplatte (die bei einem Knochenbruch eingesetzt wurde). Die geläufigsten Symptome, die man in diesem Fall beobachtet, sind chronische Müdigkeit, Konzentrationsschwächen, Schlaflosigkeit, überschüssige Speichel- oder Tränenproduktion und manchmal selbst Depressionen. Wenn Sie gelegentlich Metallgeschmack im Mund spüren, Ihr Zahnfleisch sich leicht bläulich oder gräulich verfärbt oder Sie den Eindruck haben, Sie hätten so etwas wie elektrischen Strom im Mund, sollten Sie vielleicht einen Zahnarzt konsultieren, der ein offenes Ohr für diese Probleme hat. Es kann aber durchaus sein, dass dieses Vorhandensein mehrerer Metalle Ihnen keine Probleme bereitet. Leiden Sie aber unter irgendeiner Störung wie Konzentrationsschwäche oder Müdigkeit, die Sie trotz aller Bemühungen nicht beheben können, sollen Sie das Vorhandensein verschiedener Metalle im Körper als mögliche Ursache in Erwägung ziehen.

Die Amalgame werden oft als Zahnfüllung benutzt. Man kennt sie besser unter dem Namen „Plombe“, nach dem lateinischen Wort plumbum (Blei), obwohl sie gar kein Blei enthalten. In Wirklichkeit enthalten sie Quecksilber. Nun weißt man seit der Tragödie von Minamata, dass Quecksilber verheerende Folgen für das Nervensystem hat. In den 60er Jahren schüttete eine Firma aus Minamata in Japan große Mengen Quecksilber ins Meer; die Einwohner aber ernährten sich von Fischen aus diesem Gewässer. Nach einiger Zeit wurden verschiedene Fälle bekannt, vom einfachen Schwindel über Mißbildungen von Neugeborenen und Degeneration des Nervensystems bis zu Todesfällen. Ähnliches wurde bei bestimmten Inuitvölkern beobachtet, die viel Fisch aus quecksilberverseuchten Gewässern aßen.

Wussten Sie schon, dass der Zahnarzt jeden Kontakt des Amalgams mit der Haut absolut vermeidet, bevor er es Ihnen in den Mund einführt oder nachdem er es herausgenommen hat? Ein Bundesgesetz stuft übrigens jeden Rest Amalgam als Sondermüll ein.

Plomben lassen Quecksilberdämpfe im Mund entstehen, die messbar sind. Diese Dämpfe vergiften den Organismus, der Quecksilber nur schwer abbauen kann. In der Tat stufen einige offizielle Berichte über Toxikologie jede Dosis Quecksilber, so gering sie auch immer sein mag, als giftig ein und betrachten Sie als mögliche Ursache der **Hydrargyrosis**.

Genauso wie das Vorhandensein mehrerer Metalle greifen Quecksilbervergiftungen das Nervensystem an und lösen verschiedenste Probleme aus: Von Konzentrationsschwächen über chronische Müdigkeit können sie, nach Meinung bestimmter Forscher, sogar bis zu multipler Sklerose reichen.

Wir wollen diese Themen hier nicht aus medizinischer Sicht betrachten. Dennoch wird es Ihnen zwangsläufig schwer fallen, irgendetwas zu erarbeiten oder zu lernen, falls Sie unter chronischer Müdigkeit oder Konzentrationsschwächen leiden. Bleibt der Grund Ihrer Beschwerden insgesamt undefinierbar, müssen Sie sich darüber im Klaren sein, dass die Ursache vielleicht im Elektrogalvanismus oder in einer Quecksilbervergiftung zu suchen ist. Ziehen Sie dann einen über dieses Problem gut informierten Zahnarzt zu Rate.

Nachdem wir nun die Kontrolluntersuchung durchgeführt haben, können wir das Lernen selbst in Angriff nehmen.

Kapitel 3

HALLO LINKE... ICH BIN DIE RECHTE!

Wahrscheinlich wissen Sie, dass anatomisch gesehen das Gehirn aus zwei scheinbar symmetrischen Hälften, den Hemisphären, besteht. Allerdings wissen wir seit den Forschungsarbeiten von Broca und Wernicke, dass man gewisse Gehirnfunktionen einer bestimmten Hemisphäre zuschreiben kann.

Hier einige Beispiele: Die Gehirnzentren, die das Sprachverständnis und den verbalen Ausdruck ermöglichen, befinden sich beide in der linken Hemisphäre, genauer im temporalen Bereich, etwas oberhalb des Ohres. Aussagekräftiger noch ist, dass es Links- und Rechtshänder gibt, oder anders gesagt, dass wir mit einer Körperhälfte geschickter sind. Dies beweist, dass das zentrale Nervensystem einige Asymmetrien aufweist.

Treten Störungen der Hirndurchblutung auf, unterstreichen sie ebenfalls diese Tatsache. Die Arterien, die sich vom Herzen aus erstrecken, sind anatomisch so angelegt, dass jedes vom Herzen kommende Blutgerinnsel höchstwahrscheinlich in die Blutbahnen der linken Hemisphäre gelangt. Dieses Gerinnsel blockiert die Durchblutung, was dann zur Hypoxie (durch Ischämie) des linken temporalen Bereichs führt; es folgt eine Lähmung der rechten Gesichtshälfte oder des rechten Armes und eine Aphasie durch Lähmung der Phonations- und Artikulationsmuskeln.

Zu den ersten Wissenschaftlern, die dieses Gebiet intensiver erforscht haben, gehört Robert Ornstein. Mit einer Gruppe von Studenten untersuchte er mittels Elektroenzephalogramme, wie das Gehirn einer Testperson reagierte, die unterschiedlichen Beschäftigungen nachging. So stellt er zum Beispiel fest, dass hauptsächlich die linke Hemisphäre aktiv wird, wenn die Testperson mit Kopfrechnen beschäftigt ist, eine Idee in Worte fasst, einen rationalen Gedanken entwickelt, schreibt, analysiert oder aufmerksam zuhört. Dagegen ist die rechte Hemisphäre aktiver, wenn die Beschäftigung der Testperson das Vorstellungsvermögen oder die Visualisierung beansprucht und Farben, Rhythmus oder Musik einbezieht.

Die linke Hemisphäre ist also das Gehirn der Zahlen, der Klassifikationen, der semantischen Verbalisierung, des Abstrakten, Rationalen, Logischen, der Einzelheiten und der Ordnung im mathematischen Sinn. Die rechte Hemisphäre hingegen ist das Gehirn der Kreativität, des Rhythmus, der Formen und Farben. Sie hat auch ihre Logik, es ist aber eine metaphorische, analogische, bildliche und räumliche.

Wenn wir ein Lied hören, nimmt die linke Hemisphäre die Wörter wahr, analysiert diese, den Sinn der Sätze, ihre Syntax und die Bedeutung der Nachricht, während sich die rechte mit dem Rhythmus der Musik und der Wörter beschäftigt, mit den Reimen, der Poesie, den evozierten Bildern und der Melodie.

Betreten Sie ein Haus, nimmt Ihr linkes Gehirn die Aufteilung der Räume wahr, die Anordnung der Möbel, die funktionelle und technische Seite der Architektur. Das rechte Gehirn verweilt bei den Formen und Farben, bei der Harmonie der Möbel und bei der allgemeinen Atmosphäre.

Diese Beschreibung der funktionellen Unterschiede zwischen den linken und rechten Hemisphären ist sehr aufschlussreich. Aber interessanter noch ist bei den Forschungsarbeiten von Ornstein die Beweisführung, die belegt, dass jede Aktivität leichter und geschickter durchgeführt wird, wenn beide Hemisphären gleichzeitig beansprucht werden. Roger Sperry verdanken wir schließlich die ausführliche Beschreibung der funktionellen Unterschiede zwischen beiden Hemisphären. Roger Sperry untersuchte Patienten, die sich einer Korpuskallosotomie unterworfen hatten, um von der Epilepsie geheilt zu werden. Eine Korpuskallosotomie ist eine Durchtrennung des Balkens (Corpus callosi), eines Nervenstrangs, der die Kommunikation und den Informationsaustausch zwischen beiden Hemisphären ermöglicht. Ist der Balken einmal durchgeschnitten, sind die Hemisphären isoliert und voneinander unabhängig, was ihre jeweilige Rolle deutlicher zeigt. Sperry beobachtete die gleichen Unterschiede wie Ornstein:

> *Das zentrale Thema ist: Es gibt zwei Denkweisen, die eine verbal, die andere nonverbal, die relativ eindeutig in der linken bzw. rechten Hemisphäre stattfinden [...] Die Daten zeigen, dass die untergeordnete, stumme (rechte) Hälfte auf die Gestaltwahrnehmung spezialisiert ist und hauptsächlich synthetisch mit den gegebenen Informationen arbeitet. Die dominante, sprechende (linke) Hemisphäre scheint im Gegenteil logischer und analytischer zu arbeiten, ähnlich wie ein Computer. Ihre Sprache ist für schnelle und komplexe Synthesen ungeeignet, diese werden von der untergeordnete Hemisphäre durchgeführt.*

In diesem Zusammenhang werden wir zwei sehr interessante Versuche erläutern. Zuvor jedoch müssen wir einige Begriffe klären.

Wir wissen einerseits, dass sich das Sprachzentrum in der linken Hemisphäre befindet. Andererseits wissen wir, dass für die Muskeln jede vom Gehirn geschickte Information seitenverkehrt ankommt, so dass das linke Gehirn die rechte Körperhälfte kontrolliert und das rechte Gehirn die linke. Diese Nervenstränge kreuzen sich unterhalb des Balkens, werden also nicht durch einen solchen Schnitt in Mitleidenschaft gezogen. Schließlich wissen wir, dass sich die Sehnerven innerhalb des Balkens kreuzen, dass sie aber auch einen Teil ihrer Informationen ipsilateral weiterleiten, das heißt nicht gekreuzt.

Im ersten dieser Versuche sitzt ein Patient nach einer Korpuskallosotomie an einem Tisch, auf dem ein Schirm so aufgestellt wurde, dass er sein Blickfeld zweiteilt. Seine linke Hand liegt in einem Fach unter dem Tisch, so dass er sie nicht sehen kann. Rechts auf dem Tisch - also für die rechte Hemisphäre sichtbar - liegt ein Messer. Links - für die linke Hemisphäre sichtbar - liegt ein Löffel. Im Fach links - in greifbarer Nähe der Hand, aber unsichtbar - liegen mehrere Gegenstände, darunter ein Messer und ein Löffel.

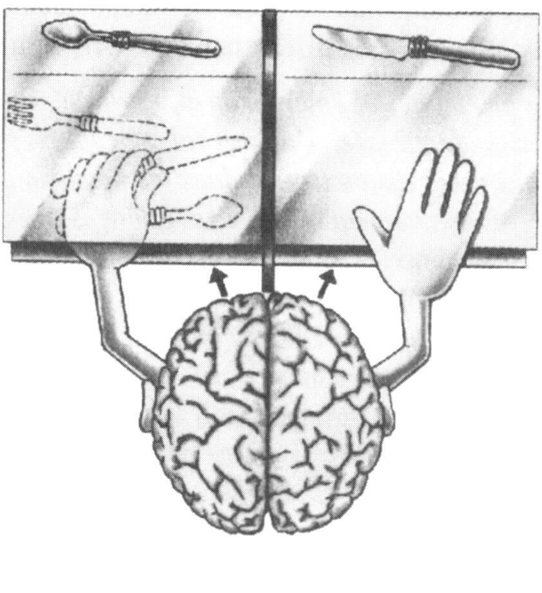

Wenn man in einem solchen Experiment den Patienten fragt, was er sieht, antwortet er „einen Löffel“, weil seine linke Hemisphäre diese Information besitzt und die Verbalisierung kontrolliert. Wenn man aber verlangt, er solle diesen Gegenstand (den Löffel) mit der linken Hand nehmen, reagiert er verwirrt und greift nach dem Messer, weil seine rechte Hemisphäre die visuelle Information besitzt und die Bewegungen der linken Hand kontrolliert. Die Testperson weiß, dass sie falsch handelt, kann aber nicht anders als das Messer nehmen.

Im zweiten Versuch verlangt man von einem Patienten nach Korpuskallosotomie, er solle eine bestimmte Form mit der rechten Hand zeichnen. Wir erinnern uns daran, dass die rechte Hand mit der linken Hemisphäre verbunden ist, die mit Form und Raum nur wenig anfangen kann. Nun geschieht, während er zeichnet, etwas Unerwartetes: Die linke Hand versucht, der rechten Hand den Stift wegzunehmen, um selbst zu zeichnen. Der Patient muss sich auf seine linke Hand setzen, damit seine rechte Hand arbeiten kann. Wenn er schließlich den Stift mit der linken Hand ergreift, gelingt die Zeichnung wesentlich besser. Durch die Erfindung des Scanners werden die Seitenunterschiede heutzutage noch leichter nachgewiesen.

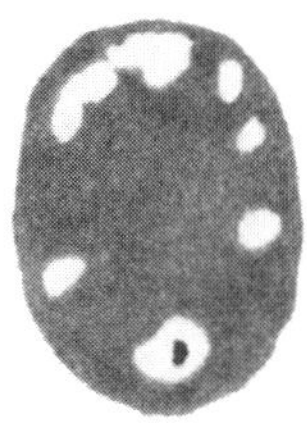

Ruhe

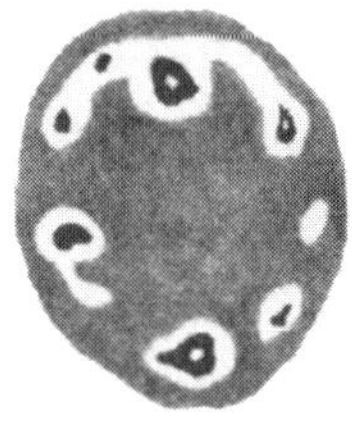

Nachdenken

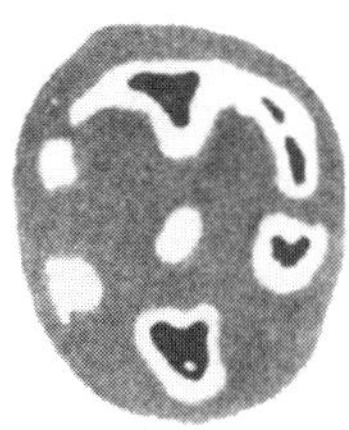

Musik

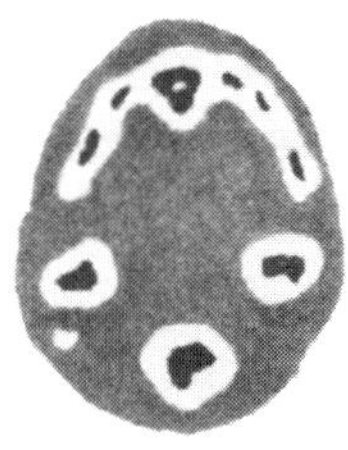

Musik und Nachdenken

Verlangt man von einer Person, sie solle lesen, Kopfrechnungen ausführen, über irgendein Thema nachdenken oder eine Idee in Worte fassen, beobachtet man, wie das Gehirn asymmetrisch arbeitet: Die linke Hemisphäre wird aktiver. Hört die Person hingegen Musik oder stellt sich eine Landschaft vor, sucht sie Reime oder spielt sie mit Wortrhythmen, verursacht dies auch eine Asymmetrie, die man an einer stärkeren Aktivität der rechten Hemisphäre beobachten kann.

Bei Sprach- und Architekturstudenten hat man sogar eine unterschiedliche Gehirndurchblutung ausgemacht. Bei den Sprachstudenten war die Durchblutung der linken Hemisphäre leicht erhöht, während der Durchblutungsunterschied bei den Architekturstudenten zugunsten der rechten Hemisphäre ausfiel.

Welche Schlussfolgerung können wir aus diesen Unterschieden zwischen den beiden Hemisphären ziehen? Inwiefern können uns diese Tatsachen bei der Optimierung des Lernprozesses helfen?

Zuerst müssen wir uns bewusst machen, dass das derzeitige Schulsystem, aber auch die traditionelle Art der Verständigung und des Unterrichtens, auf der Schrift, dem Zuhören, dem Lesen - kurz auf der sprachlichen Kommunikation - und auf der Arithmetik basiert. Man kann sich dieser Tatsache kaum entziehen und im Prinzip ist dagegen nichts einzuwenden. Sie besitzt aber als unvermeidliche Konsequenz, dass die Personen mit linker Gehirndominanz, das heißt diejenigen, die leichter mit Zahlen, Wörtern und Sprache umgehen können, eindeutig im Vorteil sind: In den höheren Positionen der gesellschaftlichen Rangordnung finden sich in der Regel überwiegend Individuen mit linker Gehirndominanz. Dies führt dazu, dass eben jene Menschen die Hebel der Macht so bedienen, dass sie den Aufstieg ihresgleichen begünstigen. Nicht aus Solidarität, sondern ganz einfach, weil man dazu tendiert, die Welt so nachzubilden und zu gestalten, wie man sie wahrnimmt.

Nicht zufällig sagt Roger W. Sperry: *[…] unser Schulsystem, aber auch die Wissenschaft im Allgemeinen neigt dazu, die nonverbalen*

Formen der Intelligenz zu vernachlässigen. Man kann also sagen, dass die Gesellschaft die rechte Hemisphäre diskriminiert.

Es scheint uns sinnvoll und dringend nötig, die Rolle der rechten Hemisphäre in unserem Schulsystem und in der heutigen Wissenschaft aufzuwerten. Zahlreiche Menschen mit rechter Gehirndominanz kommen in unserem Schul- und Universitätssystem sowie in der Gesellschaft im Allgemeinen schlecht zurecht. Sie würden durch eine Aufwertung der rechten Hemisphäre intellektuelle Entwicklungsmöglichkeiten finden. Wir müssen uns aber vor allem dessen bewusst werden, dass die rechte Hemisphäre von Natur aus unentbehrlich für das Verständnis bestimmter Begriffe ist, die der menschlichen Wirklichkeit innewohnen. Einstein zum Beispiel verließ sich nicht auf mathematische Tafeln, als er seine Relativitätstheorie entwickelte, sondern auf sein symbolisches, metaphorisches und bildliches Denken. Als er an einem sonnigen Tag im Gras lag, stellte er sich vor, er ließe sich entlang eines endlosen Sonnenstrahls ins Firmament gleiten, und fragte sich, wie es wäre, wenn man so durchs Weltall reiste. Seine Vorstellungskraft aber versetzte ihn in Welten, die sein Physikerintellekt bis dahin für unmöglich hielt. Da er eher seiner Vorstellungskraft als seiner Ratio Glauben schenkte, ließ er jene durch die Unendlichkeit dieser Welten schweben. Dadurch erlangte er ein globales, symbolisches und fast augenblickliches Verständnis der Relativität, der unser Gravitationsfeld unterworfen ist.

Einstein selbst hat es in einem Brief an Jacques Hadamard, der die Arbeitsmethoden von Mathematikern erforschte, folgendermaßen formuliert: *Die Wörter oder die Sprache in der Form, wie sie geschrieben und gesprochen werden, spielen anscheinend keine Rolle in meinen Denkmechanismen. Die psychischen Gebilde, die als Denkelement anscheinend fungieren, sind bestimmte Zeichen und mehr oder minder klare Bilder, die „willkürlich" reproduziert und kombiniert werden können.*

Die Arbeitsweise der rechten Hemisphäre ermöglicht ein globales, augenblickliches Verständnis, eine Art Erleuchtung in symbolischer und bildlicher Form, die keine Verbalisierung benötigt, noch nicht einmal eine psychische.

Ebenso erwähnenswert ist die Geschichte des Chemikers, der die molekulare Struktur des Benzols erhellte. Schon seit langem untersuchte er dieses seltsame Molekül mit seinen sechs Atomen Kohlenstoff und seinen nur sechs Atomen Wasserstoff. Da der Kohlenstoff tetravalent ist, müsste ein Molekül mit sechs dieser Atome - selbst wenn man die doppelten Verbindungen berücksichtigt - mindestens acht Atome Wasserstoff beinhalten.

Welche Struktur hatte also dieses scheinbar unvollständige Molekül? Von diesen Überlegungen ermüdet ging er zu Bett. Während er schlief, träumte er von einer langen Schlange, die sich einrollte und in den eigenen Schwanz biss. Verblüfft schreckte er hoch. Das war des Rätsels Lösung: Das Benzol war ein zyklisches Molekül.

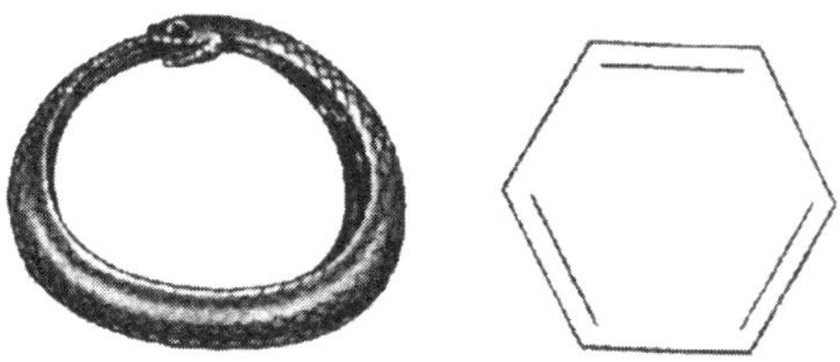

Crick und Watson, den beiden Forschern, die das Raummodell der DNS entdeckt haben, hat die rechte Hemisphäre zum Nobelpreis verholfen. Die geistige Arbeit, die notwendig ist, um sich die dreidimensionale Doppelspirale der DNS vorzustellen, findet in der Tat in der rechten Hemisphäre statt. Einstein, Crick und Watson waren wahrscheinlich Außenseiter unter den Forschern und hatten einen ganz anderen Blick für und auf die Realität als ihre Kollegen.

Ich wiederhole noch einmal Robert Ornsteins Aussage: Wir wollen nicht nach rechts schwenken und unsere ganze Aufmerksamkeit auf die rechte Hemisphäre konzentrieren, sondern eher Wege finden, die erlauben, beide Hemisphären gleichzeitig zu beanspruchen, so dass sie durch ihre Zusammenarbeit unser Denkvermögen optimal zum Einsatz bringen.

Wie Carl Sagan in seinem Buch *Die Drachen von Eden* schreibt: *„Man kann nicht entscheiden, ob die von der rechten Hirnhemisphäre* *erkannten Muster real oder imaginär sind, ohne sie der Prüfung durch die linke Hemisphäre zu unterziehen. Andererseits ist rein kritisches Denken ohne kreative und intuitive Einsichten und ohne die Suche nach neuen Mustern steril und hinfällig. Das Lösen komplexer Probleme unter wechselnden Umständen erfordert die Aktivität beider Hirnhemisphären: Der Weg in die Zukunft führt durch den Balken."*[5]

Wird die rechte Hemisphäre beansprucht, begünstigt dies nicht nur in der Tat ein tieferes Verstehen, sondern ist oft notwendig oder zumindest sehr nützlich, wenn man bestimmte Probleme lösen will. Sie können es selbst feststellen. Versuchen Sie, folgende Aufgaben zu lösen. Keine einzige ist ein rein mathematisches Problem, einige haben sogar nichts mit Mathematik zu tun. Sie beanspruchen aber alle die Logik des rechten Gehirns. Sie können die Lösungen am Ende des Buches nachschlagen.

Aufgabe Nr. 1

Entfernen Sie acht der unten abgebildeten 24 Streichhölzer, so dass sich 2 Quadrate ergeben, die einander nicht berühren.

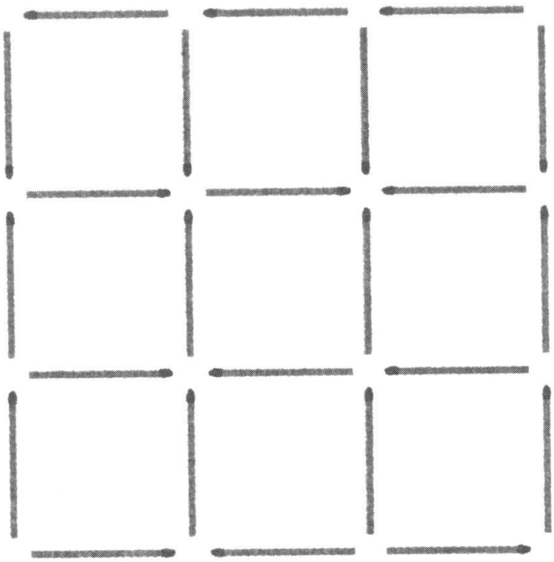

Aufgabe Nr. 2

Wenn diese symmetrisch gebaute Konstruktion in der Luft hinge, wie viele Würfelseiten wären sichtbar?

Aufgabe Nr. 3

Fügen Sie ein einziges Streichholz zu den 5 unten abgebildeten hinzu und bilden Sie daraus 4 Dreiecke, die den zwei abgebildeten gleich sind.

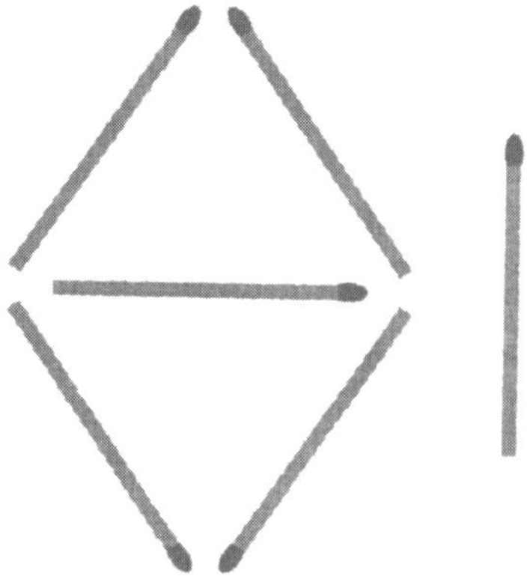

Aufgabe Nr. 4

Anlässlich eines Festes wurde dieses Denkmal mit einem Stoffband verziert. Vorausgesetzt die Säule ist absolut symmetrisch, ist 60 m hoch, hat einen Umfang von 9 m und das Band umschließt 5 mal die Säule, wie lang ist das Band?

Aufgabe Nr. 5

Sie haben zwei Sanduhren. Die eine läuft sieben Minuten lang, die andere elf. Wie verfahren Sie, um die Zeit abzumessen, wenn Sie ein Ei genau fünfzehn Minuten kochen wollen?

Aufgabe Nr. 6

Am ersten Tag wächst diese Pflanze um die Hälfte ihrer Größe, am zweiten Tag um ein Drittel, am dritten Tag um ein Viertel usw. Wieviel Zeit braucht sie, um das Hundertfache ihrer Originalgröße zu erreichen?

Aufgabe Nr. 7

Stellen Sie sich vor, Sie nehmen die Endstücke dieser Kordeln in die Hände und ziehen fest daran, bis die Kordeln eine gerade Linie bilden. Bei welcher Kordel ergibt sich dabei ein Knoten?

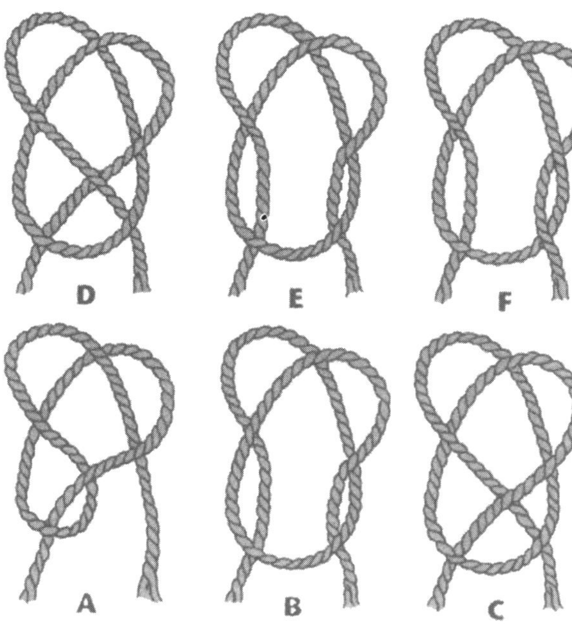

Aufgabe Nr. 8

Wieviel rechteckige Steine bilden diese Konstruktion? Jeder Stein ist 2 x 1 x 1 groß.

Aufgabe Nr. 9

Diese fünf Ketten bestehen aus weißen, schwarzen und schwarzweißen Gliedern. Nur zwei von ihnen sind identisch. Welche?

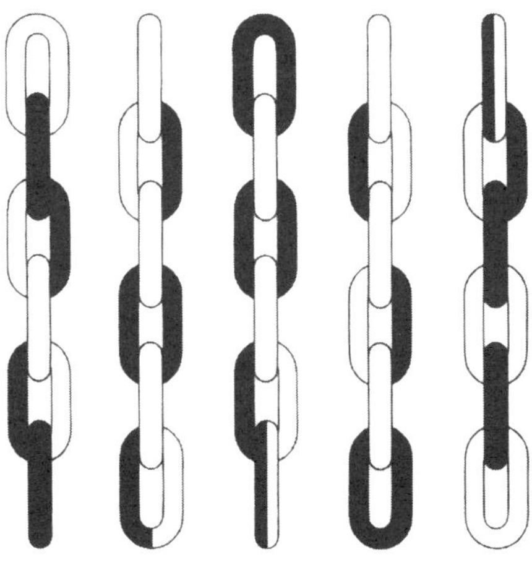

Aufgabe Nr. 10

Wohin müssen Sie ihre Pfeile werfen, wenn Sie eine Gesamtsumme von 100 Punkten erreichen wollen? Sie dürfen so viele Pfeile benutzen, wie Sie wollen, und mehrmals in denselben Kreis werfen.

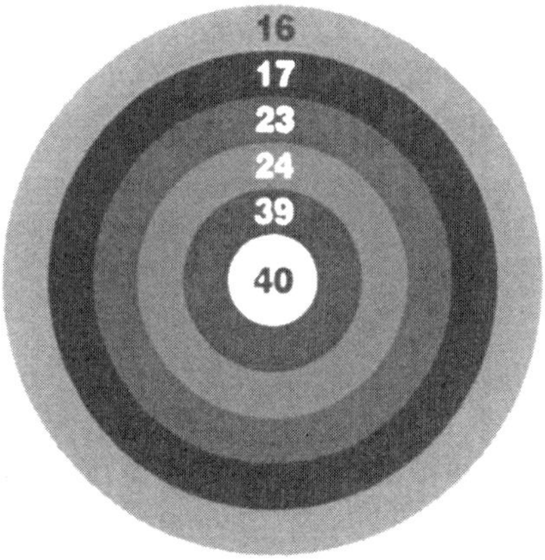

Jetzt, wo wir erkannt haben, wie wichtig es ist, dass wir mit beiden Hemisphären arbeiten, können wir uns ans Werk machen. Wir wollen unsere beiden Hemisphären zu einem harmonischen Zusammenspiel bringen. Zuerst müssen wir aber wissen, welche visuelle, auditive und kinästhesische Dominanz es bei uns gibt. Daraus können wir dann unsere generelle Dominanz erschließen. Die Personen mit rechter Dominanz entdecken vielleicht darin den Grund ihrer unerfreulichen Erfahrungen mit dem aktuellen Schulsystem.

VISUELLE DOMINANZ

Um festzustellen, welche visuelle Dominanz es bei Ihnen gibt, machen Sie folgenden Test: Nehmen Sie ein Blatt Papier und schneiden Sie ein Loch von 1,5 cm Durchmesser hinein. Halten Sie das Blatt mit ausgestreckten Armen vor sich und fixieren Sie durch das Loch einen Punkt in der Ferne. Führen Sie darauf das Blatt zu Ihrem Gesicht, fixieren Sie dabei weiterhin den Punkt. Wenn das Blatt Ihr Gesicht berührt, steht das Loch automatisch vor Ihrem dominanten Auge. Sie können den gleichen Test machen, indem Sie sich in einem Spiegel anschauen. Nehmen Sie das Blatt und betrachten Sie sich durch das

Loch im Spiegel. Sie schauen sich zwangsläufig nur mit einem einzigen Auge an, das ist Ihr dominantes.

Die visuelle Dominanz kann dennoch möglicherweise bei Ihnen sehr schwach ausgeprägt sein, so dass Sie manchmal das Loch zum rechten, manchmal zum linken Auge führen. Dies bedeutet, dass Sie gewissermaßen mit beiden Augen gleich „geschickt" sind. Das kann nur von Vorteil für Sie sein. Im zentralen Nervensystem überkreuzt sich alles, deshalb ist die dominante Hemisphäre die dem dominanten Auge gegenüberliegende. Wenn das Blatt vor das rechte Auge gelangt, ist Ihre linke Hemisphäre visuell dominant.

AUDITIVE DOMINANZ

Mit welchem Ohr lauschen Sie, wenn Sie ein kaum hörbares Geräusch wahrnehmen wollen? An welches Ohr legen Sie automatisch das Telefon?

Dieses Ohr ist das dominante. Folglich ist die auditiv dominante Hemisphäre die gegenüberliegende. Ist Ihr linkes Ohr dominant, dann ist Ihre rechte Hemisphäre auditiv dominant. Sie können auch das dominante Ohr anders feststellen, dafür brauchen Sie nur einen Blick in den Spiegel zu werfen. Wir haben - fast - alle ein längeres oder größeres Ohr, dieses Ohr ist das dominante.

Kurzer Exkurs

Neurologisch gesehen, befindet sich das Hörzentrum, das mit der Sprache verbunden ist, das Wernickesche Zentrum, im linken Gehirn, genau über dem Ohr. Deshalb ist bei den meisten Menschen das rechte Ohr dominant. Die Personen, bei denen das linke Ohr dominant ist, leiden manchmal unter Dyslexie, denn es braucht Zeit, um Informationen vom rechten zum linken Hirn weiter zu leiten. Bei einigen Patienten versucht man, die Dyslexie dadurch zu beheben, dass man das rechte Ohr solange trainiert, bis dieses dominant wird.

MANUELLE DOMINANZ

Mit welcher Hand schreiben Sie? Dies ist Ihre dominante Hand. Vergessen Sie nicht, dass die dominante Hemisphäre seitenverkehrt ist, das heißt, sich auf der Seite befindet, die der Hand gegenüberliegt.

Wenn Sie bereits älter sind, ist es möglich, dass man Sie gezwungen hat, mit der rechten Hand zu schreiben, obwohl Sie eigentlich Linkshänder sind. In diesem Fall können Sie Ihre manuelle Dominanz durch die Antwort auf folgende Frage bestimmen: Mit welcher Hand wähle ich eine Telefonnummer? Oder mit welcher Hand werfe ich einen Ball? Diese Hand ist dominant.

DOMINANZ BEI DEN UNTEREN GLIEDMASSEN

Mit welchem Bein treten Sie einen Ball? Oder gegen einen Stein? Dies ist Ihre Dominanz bei den unteren Gliedmaßen.

GENERELLE DOMINANZ

Sie können Ihre generelle Dominanz durch folgenden Test bestimmen: Nehmen Sie ein Lineal und halten Sie es senkrecht vor Ihr Gesicht, so dass es in zwei Hälften zwischen den Augen und entlang der Nase geteilt wird. In der Regel ist eine Gesichtsseite größer als die andere. Sie haben es schon erraten, Ihr dominantes Gehirn befindet sich auf der gegenüberliegenden Seite. Wenn Ihre rechte Gesichtshälfte etwas mehr Umfang hat, dann ist Ihr linkes Gehirn generell dominant und umgekehrt.

Vergleichen Sie Ihre verschiedenen Dominanzen und bestimmen Sie Ihre generelle. So können Sie Ihre Arbeitsweise Ihren natürlichen Veranlagungen anpassen. Wenn Sie zum Beispiel eine generelle rechte Gehirndominanz haben, sollten Sie vorzugsweise Zeichnen, Musik, Formen, Farben, Bewegungen und alle anderen Elemente benutzen, die besonders die rechte Hemisphäre beanspruchen, um sich das Lernen zu erleichtern. Hätten Sie das bereits früher getan, wäre Ihnen die Grundschule vermutlich in besserer Erinnerung geblieben...

Unabhängig davon, welche Dominanz es bei Ihnen gibt, werden Sie Ihre Fähigkeiten nur optimieren können, wenn Ihre beiden Hemisphären harmonisch zusammenarbeiten, so dass sich ihre jeweiligen Tätigkeitsbereiche und ihre jeweiligen Intelligenzen vereinen. Wie bereits erwähnt, sind die Lernfähigkeiten erst dann besser, wenn beide Hemisphären zusammenarbeiten. Hier der Beweis:

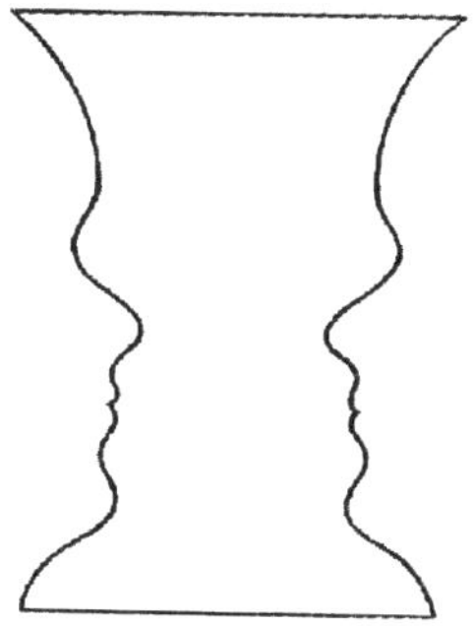

Schauen Sie sich die oben abgebildete Vase an. Wenn Sie diese genau betrachten, sehen Sie symmetrisch auf beiden Seiten ein Gesicht im Profil.

Vervollständigen Sie nun eine der beiden unten abgebildeten Vasen symmetrisch, indem Sie die obere Vase nachzeichnen. Wenn Sie Linkshänder sind, versuchen Sie sich an der linken Zeichnung, und wenn Sie Rechtshänder sind, an der rechten. Zeichnen Sie zügig, innerhalb weniger Sekunden, **konzentrieren Sie sich dabei auf die Anatomie des Gesichts**, das sie nachbilden. Während Sie zeichnen, benennen Sie jeden Gesichtsteil. So arbeiten Sie mehr mit dem linken Gehirn.

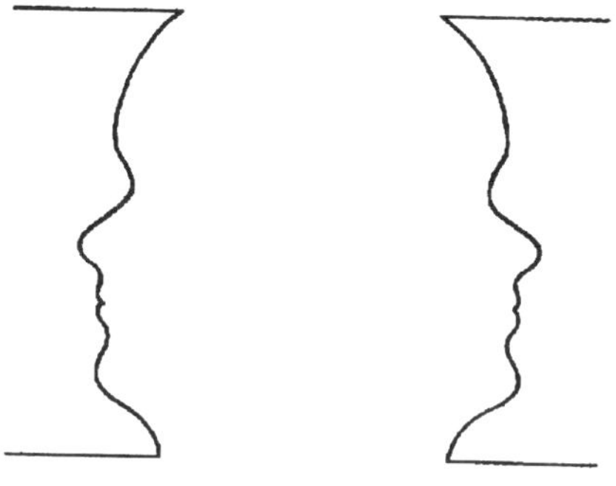

Wiederholen Sie den Test und konzentrieren Sie sich diesmal auf die Form der Vase. Vergessen Sie das Gesicht und bilden Sie nur die Formen nach. So arbeiten Sie mehr mit dem rechten Gehirn. Wenn Sie das Gesicht nur schwer vergessen können, drehen Sie das Blatt um, so dass die Vase auf dem Kopf steht. Zeichnen Sie nun die Vase.

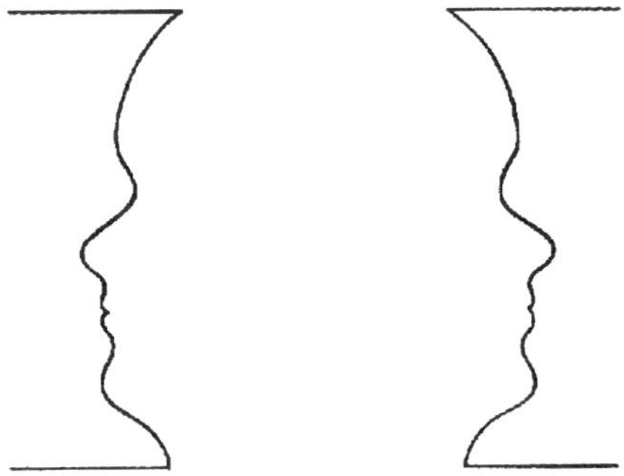

Zeichnen Sie jetzt ein letztes Mal die Vase. Denken Sie dabei an das Gesicht, folgen Sie aber mit dem Finger der gegenüberliegenden bereits vorgezeichneten Seite. Konzentrieren Sie sich gleichzeitig auf die Formen des Gesichts und auf die Symmetrie der Linie. So aktivieren Sie beide Hemisphären.

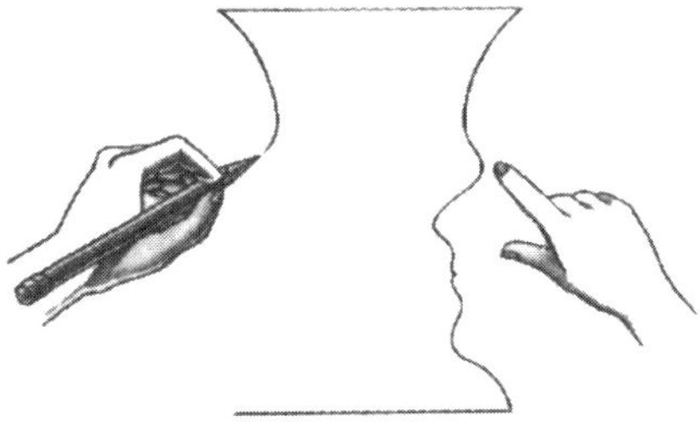

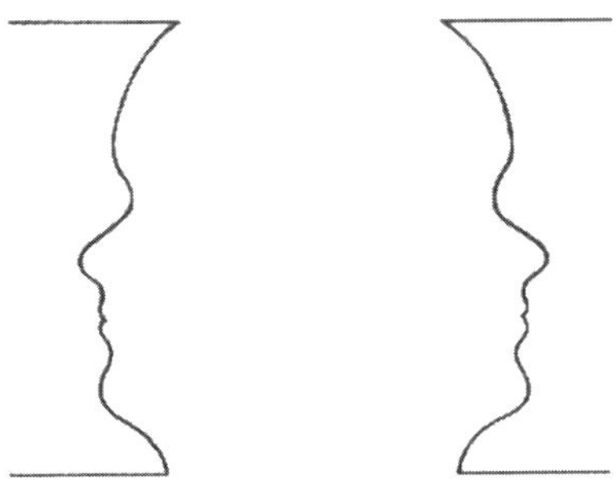

Welche Vase ist symmetrischer? Wenn beide Hemisphären eher spontan zusammenarbeiten, dann ist es wahrscheinlich die zuletzt gezeichnete. Falls Sie dennoch die Gewohnheit angenommen haben, nur mit Ihrer linken oder rechten Hemisphäre zu arbeiten, könnte Ihr Gehirn weiterhin seine „Halbhirnstrategie“ anwenden.

Dank einiger Übungen können wir diese beiden Hemisphären zur Zusammenarbeit bewegen.

DIE ABWECHSELNDE NASENATMUNG

Diese Übung lehnt sich ans Yoga an. Sie ist nicht nur wirksam, sondern vor allem unauffällig; deshalb kann sie auch in einem Klassenzimmer oder in einem Konferenzraum ausgeführt werden.

Legen Sie den rechten Daumen auf den rechten Nasenflügel und den rechten Ringfinger auf den linken Nasenflügel. Der Zeigefinger und der Mittelfinger sind gekrümmt oder liegen zwischen den Augenbrauen. Atmen Sie durch das linke Nasenloch ein, wobei Sie das rechte mit dem Daumen zudrücken; halten Sie den Atem kurz an - Sie drücken nun beide Nasenlöcher zu - und atmen Sie durch das rechte Nasenloch aus, indem Sie den Daumen vom rechten Nasenflügel wegnehmen und das linke Nasenloch weiterhin mit dem Ringfinger zugedrückt halten. Atmen Sie dann durch das rechte Nasenloch ein - verfahren sie dabei wie vorhin - , halten Sie den Atem kurz an und atmen Sie durch das linke Nasenloch aus. Atmen Sie erneut durch das linke Nasenloch ein, halten Sie den Atem kurz an und atmen Sie durch das rechte Nasenloch aus usw. Sie beenden die Übung mit dem linken Nasenloch. Üben Sie einige Minuten. Sie können der abwechselnden Nasenatmung eine visuelle Übung hinzufügen: Sie stellen sich vor, ein weißes Licht fließt abwechselnd von einer Hemisphäre zur anderen.

Das Beste ist, Sie atmen in einem Rhythmus X-4X-2X, der dem Zyklus Einatmen/Anhalten/Ausatmen entspricht. Das heißt, dass das Anhalten und das Ausatmen 4 Mal bzw. 2 Mal länger dauern muss als das Einatmen. Sie atmen beispielsweise 4 Sekunden lang ein, halten den Atem 16 Sekunden lang an und atmen 8 Sekunden lang aus.

In der Yogatradition wird erwähnt, dass die besten Ergebnisse durch einen Rhythmus 16-64-32 oder 12-48-24 erzielt werden. Aber wie Sie schnell feststellen werden, bedarf das einiger Übung!

DIE BRÜCKE

Diese Übung ist leichter und noch unauffälliger als die abwechselnde Nasenatmung. Obwohl sie weniger wirksam ist, scheint sie dennoch nicht ungeeignet, wenn man sich auf eine Unterrichtsstunde oder eine Konferenz vorbereiten will.

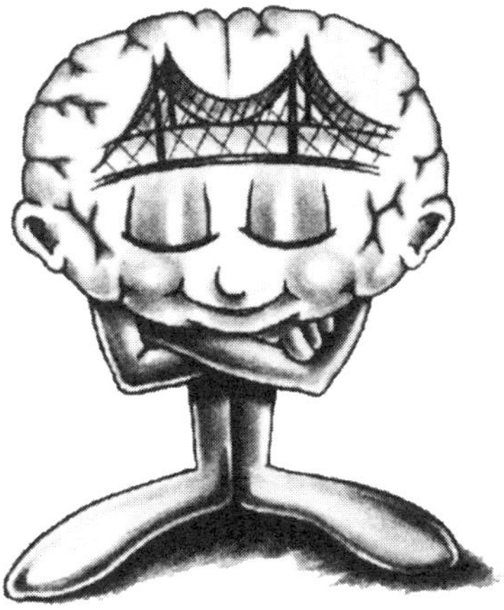

Schließen Sie die Augen und stellen Sie sich eine Brücke vor, die Ihre beiden Hemisphären verbindet. Gehen Sie dann über diese Brücke von einer Hemisphäre zur anderen.

Manche Leute mit Lernstörungen oder Konzentrationsschwächen haben Schwierigkeiten, sich dies vorzustellen, oder können es überhaupt nicht. Diese Übung bringt Ihnen einen großen Gewinn.

Schließen wir mit der Erwähnung einiger Massagen, die die Konzentration begünstigen, selbst wenn sie nicht zur Harmonisierung der Hemisphären beitragen. Alle Massagen dauern zusammen nur wenige Minuten.

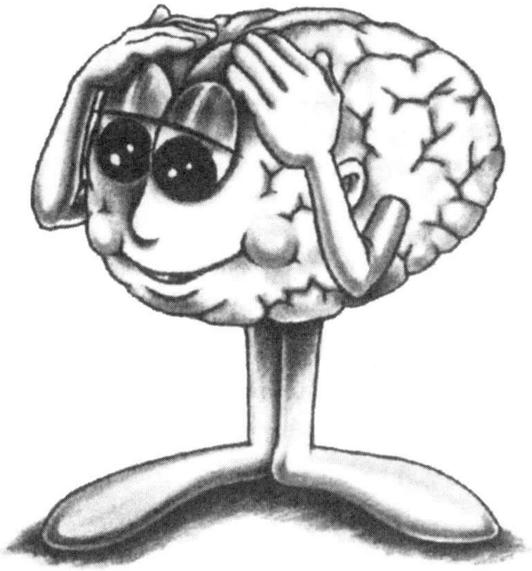

Massieren Sie zuerst die Schläfen und die Stirn, insbesondere die Stirnhöcker. Massieren Sie dann die Knochengegend hinter den Ohren und die beiden kleinen Vorwölbungen hinter den Ohrläppchen. Zum Schluss massieren Sie den Nacken und den oberen Teil des Rückens.

Für die Anhänger des Yogas soll erwähnt werden, dass bestimmte Stellungen wie der Pflug, die Kerze, der Kniekuss und der halbe Diamant die Konzentration begünstigen.

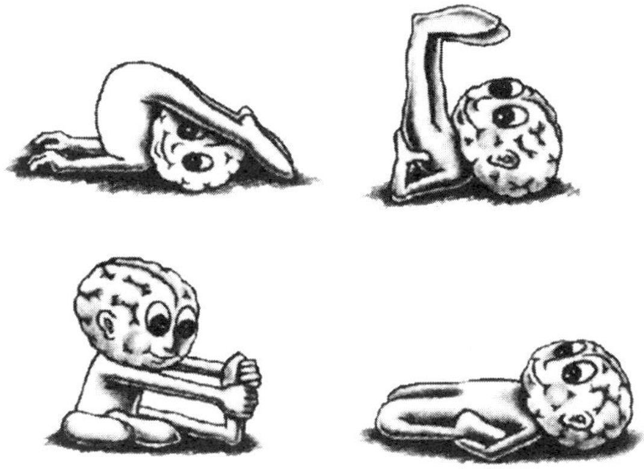

Da beide Hemisphären nun harmonisiert sind, können wir uns mit Howard Gardners Forschungsarbeiten beschäftigen und werden sehen, welchen Nutzen wir daraus ziehen können.

Kapitel 4

DIE SIEBEN INTELLIGENZEN

ICH BIN RHYTHMISCH, UND DU, WAS BIST DU?

Die Intelligenz! Vor ihr verbeugen wir uns, seitdem Descartes sie mit seinem Satz gewürdigt hat: *„Ich denke, also bin ich.“* Denken, intelligent sein, überlegen bedeutet fortan **sein**! Unsere Gesellschaft räumt der Intelligenz eine große Bedeutung ein. Sie ist der Schlüssel zu zahlreichen Türen. Ein Arbeitnehmer erkundigt sich nur nach Ihrer Ausbildung, weil es einen sehr engen Zusammenhang zwischen dem Ausbildungsniveau und dem hoch geachteten Intelligenzquotienten gibt.

Was versteht man unter Intelligenz? Im Wörterbuch steht, sie sei „die Fähigkeit zu erkennen und zu begreifen“. Zu erkennen und zu begreifen, aber was?

Ist der begabte Musiker, der aus dem Stegreif jede gehörte Musik nachspielen oder aufschreiben kann, intelligent? Zweifellos. Dennoch ist die Wahrscheinlichkeit sehr groß, dass er von dem neurologischen Prozess, der seine Glanzleistung ermöglicht, nichts weiß. Vielleicht kennt er sich auch in Mathematik und Geschichte überhaupt nicht aus oder ihm sind die Naturwissenschaften ganz fremd oder er versteht sehr wenig von Politik. Der Eingeborene, der sein Boot fast instinktiv zwischen zahlreichen Inseln und Riffen hindurchsteuert, weiß nichts von der Kunst, Sextant und Kompass zu benutzen. Er versteht auch nichts von Mathematik und den Spitzfindigkeiten der Sprache. Wie viele unter uns könnten aber seine Leistungen erbringen? Und weiß jener Spitzenschwimmer, der seinen Körper so elegant, so geschickt und so exakt bewegt, in welchem Winkel sein Arm ins Wasser tauchen muss? Oder wie groß die Drehung seines Beckens sein muss, um eine größtmögliche Abstoßgeschwindigkeit zu erzeugen? Wahrscheinlich nicht. Dennoch bewegt er sich äußerst präzise.

Sollen wir daraus schließen, dass Intelligenz mehr als Wissen und Verstehen ist? Ist sie vielleicht nur die Fähigkeit, irgend eine Fähigkeit so zu benutzen, dass man sich seiner Umwelt anpasst? Dennoch ist derjenige, der weiß und versteht, zweifellos intelligent. Gibt es womöglich mehrere Arten von Intelligenz? Sind der Musiker, der Dschungelführer, der Bootslenker und der Sportler gar alle intelligent, aber jeder auf seine Weise? Gibt es vielleicht mehrere Intelligenzen?

Howard Gardner hat die Intelligenz lange untersucht und schließlich festgestellt, dass es in der Tat vielfache Intelligenzen gibt und dass das heutige Schulsystem in der Regel nur einige von ihnen benutzt.

Unser begabter Musiker zum Beispiel, der offensichtlich sehr intelligent ist, wurde möglicherweise zu bestimmten Zeiten und unter bestimmten Umständen für einen Faulpelz gehalten. Genauso wie der Maler, der nach einem einzigen Blick ein Bild perfekt reproduzieren kann, unter Umständen ein miserabler Student war.

Unser heutiges Schulsystem beansprucht praktisch nur die verbalen und mathematischen Intelligenzen. Ein Glück für diejenigen, die damit gut zurecht kommen, für die anderen heißt es: Pech gehabt!

Gardner hat sieben Intelligenzen bestimmt, die er in seinem Buch *The Frames of Mind* (Abschied vom IQ. Die Rahmen-Theorie der vielfachen Intelligenzen) genau definiert hat. Es gibt die rationelle und mathematische (logische) Intelligenz, die visuelle (räumliche), die auditive und verbale (linguistische), die musikalische und rhythmische, die kinästhesische (physische), die intrapersonale und die interpersonale.

Ich möchte jede einzelne kurz darstellen:

DIE MATHEMATISCHE UND RATIONALE INTELLIGENZ

Sie ist die Intelligenz der Ordnung und der Klassifikationen. Derjenige, der mit dieser Intelligenz arbeitet, geht selbstverständlich gern mit Zahlen um, er hat aber auch die Begabung, die Welt und die Wirklichkeit zu ordnen, er kann ihre Charakteristika logisch ausdrücken. Diese Intelligenz kann man beispielhaft an Carl Friedrich Gauß zeigen. Ihm verdanken wir die berühmte Glockenkurve. Durch diese Kurve veranschaulicht er auf präzise und klare Weise die Tatsache, dass in der Natur innerhalb einer bestimmten Population eine bestimmte Größe sich statistisch gesehen um einen Mittelwert verteilt. Wenn man beispielsweise die Körpergröße einer ganzen Bevölkerung misst, stellt man fest, dass der Mensch durchschnittlich 1,75 m groß ist und dass die Anzahl der größeren Menschen ungefähr gleich groß ist wie die Zahl der kleineren Menschen.

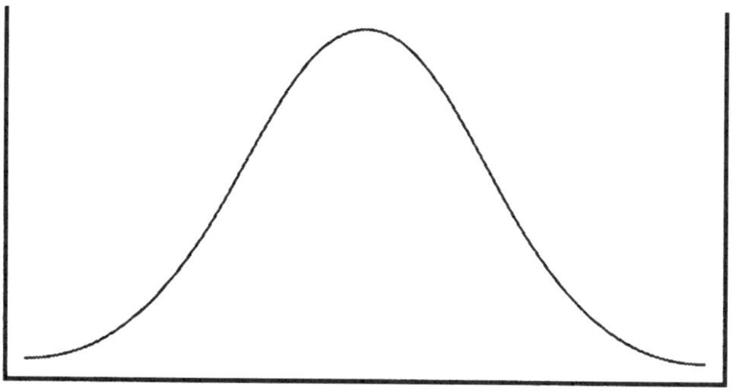

Dieses Beispiel enthielt absichtlich keine Berechnungen und Zahlen. Die mathematische Intelligenz geht weit über die einfache Benutzung von Zahlen hinaus. Das ist die Intelligenz der Logik und der symbolischen Darstellung des Universums.

Was das Lernen betrifft - und nur das interessiert uns hier - kann derjenige, der mathematisch veranlagt ist, am besten lernen, wenn der Lernstoff ihm rational und logisch dargeboten wird. Je mehr die Darstellung Zahlen, Symbole, Graphiken in mathematischer Weise benutzt, um so besser lernt er. Der Begriff der Schwerkraft zum Beispiel wird für ihn erst dann einen Sinn haben, wenn er ihn in Kilogramm ausdrückt, und für den Begriff der Entfernung braucht er die Angabe in Kilometern.

VISUELLE ODER RÄUMLICHE INTELLIGENZ

Sie ist die Fähigkeit, mit dem Raum umzugehen und sich ihn vorzustellen.

Machen Sie folgenden Test:

Die zwei folgenden Zeichnungen stellen zwei unterschiedliche Ansichten desselben dreidimensionalen Gegenstandes dar. Der Gegenstand wird in der ersten Zeichnung von oben dargestellt, in der zweiten von vorn. Welche Form hat dieser Gegenstand? Geben Sie seine dreidimensionale Form in einer Zeichnung wieder. Dieser Test verlangt eine Arbeit, die im Kopf stattfindet. Sie müssen den

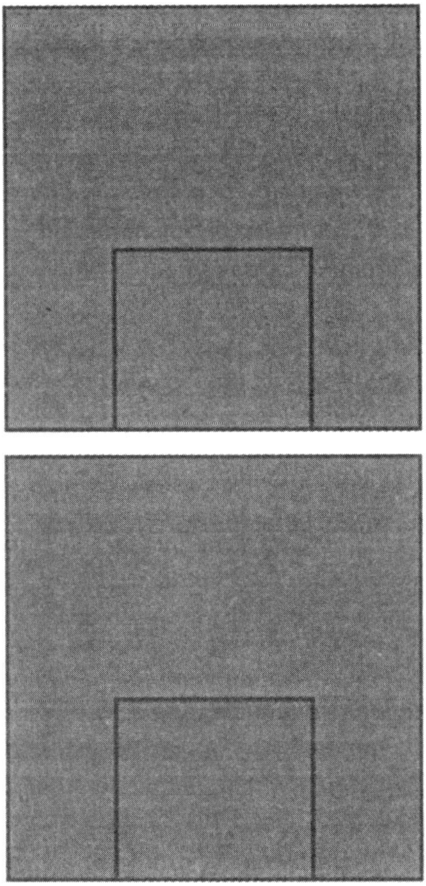

Gegenstand im Kopf hin und her drehen und sich seine dreidimensionale Form vorstellen. Die Antwort finden Sie am Ende des Buches.

Dieser Test beansprucht die visuelle und räumliche Intelligenz. Das ist die Intelligenz von Michelangelo, der ein Bild bis ins kleinste Detail nachzeichnen konnte, nachdem er es nur einige Sekunden gesehen hatte. Das ist auch die Intelligenz des Eingeborenen, der sich an dem Relief der Küste orientiert, ein Riff erkennt, einen Felsen oder eine Brandung. Das ist die Intelligenz der Inuit, die ihren Weg in der verschneiten Tundra nur an der Form des Horizontes oder an der Neigung des Geländes erkennen können. Das ist auch die Intelligenz des Malers, des Bildhauers oder des Innenarchitekten und sogar des Blinden, der sich mithilfe einiger tastender Stockschläge seine Umgebung im Kopf vorstellen kann.

Derjenige, der die visuelle Intelligenz besitzt, muss alles sehen und sich im Kopf vorstellen, um es zu verstehen. Man kann ihm etwas hundertmal wiederholen, aber man braucht es ihm nur einmal schriftlich zu geben oder als Zeichnung oder es ihn sich vorstellen zu lassen, dann ruft er: „Ach so, jetzt verstehe ich!"

VERBALE UND AUDITIVE INTELLIGENZ

Sie ist die Fähigkeit, etwas in Worte zu fassen. Diese Intelligenz wird für das Sprechen, die Feinheiten des Wortschatzes, der Syntax, der Semantik verwendet. Mit der Mathematik gekoppelt erzeugt sie die Rhetorik.

Das ist die Intelligenz der großen Redner, der Humoristen, der Schriftsteller und auch der Dichter. Wer mithilfe dieser Intelligenz arbeitet, muss die Informationen hören oder sie innerlich sprechen, um sie gut aufzunehmen. Er liest dann einen schwierigen Gedanken, den er verstehen will, „laut" im Kopf und wiederholt ihn nachher mit seinen eigenen Worten. Sie ist die Intelligenz, die im heutigen Schulsystem am meisten beansprucht wird, und es ist wahrscheinlich richtig, zu behaupten, dass diejenigen, die in der Gesellschaft leicht Erfolg haben, über eine hohe verbale und auditive Intelligenz verfügen.

MUSIKALISCHE UND RHYTHMISCHE INTELLIGENZ

Sie ist die Intelligenz von Mozart, der die Symphonien in seinem Kopf erklingen hörte, während er Billard spielte. Für ihn war Notenschreiben bloß eine Übertragung. Oder die von Strauß, der sich als einzigen Verdienst zuschrieb, die himmlische Musik niedergeschrieben zu haben, die er hörte. Das ist die Intelligenz des Musikers, der im Kopf gleichzeitig mehrere Instrumente und mehrere Töne hören und sich ihr harmonisches Zusammenspiel vorstellen kann. Mit seiner musikalischen Fähigkeit erzeugt er Ruhe, Zorn, Betriebsamkeit und Muße. Das ist auch die Intelligenz des Rhythmus, die des Schauspielers beispielsweise, der seinen Text beim Hin- und Hergehen lernt, indem er ihn rhythmisch mit seinen

Schritten untermalt. Das ist teilweise die Intelligenz des Dichters, der die Wörter, die Verse und die Strophe rhythmisch klingen lässt.

Diejenigen, die diese Intelligenz besitzen, sind gute Musiker. Sie lernen leicht, wenn sie im Kopf mit dem Rhythmus der Wörter spielen, wenn sie zum Beispiel die Grammatikregeln oder jeden anderen Stoff in Versen neu schreiben. Kleine Kinder lernen leicht das Alphabet, wenn sie es als Rap wiederholen, der den Rhythmus stark betont.

KINÄSTHESISCHE INTELLIGENZ

Sie ist die Intelligenz der Bewegung und der Koordinierung. Dies ist die Wahrnehmung seiner Selbst im Raum, die Benutzung des eigenen Körpers als Werkzeug. Dies ist die Turnerin, die auf dem Schwebebalken ihre Kür vorführt, der Seiltänzer, der sich in schwindelnder Höhe bewegt, oder auch John McEnroe, der mit seiner präzisen und harten Rückhand den Ball schmettert. Es ist der Pantomime Michel Courtemanche, der die Muskeln seines Gesichts und seines ganzen Körpers feinfühlig und exakt beherrscht, um eine perfekte Illusion zu erzeugen. Das ist die Intelligenz desjenigen, der ohne jegliche Anweisung einen Wecker auseinander- und wieder zusammenbauen kann. Das sind der Mechaniker, der Möbelschreiner und der Zimmermann. Das ist der eingeborene Fischer, der an einem Wasserfall steht und mit seiner dünnen Lanze die Fische harpuniert.

Wer mit dieser Intelligenz arbeitet, lernt durch Bewegung viel schneller. Er kann ein guter Arzt werden, wenn er im Laufe seines Studiums einen Körper, Organe usw. berühren und bewegen kann. Berühren und bewegen sind die Schlüsselwörter des rein kinästhesischen Menschen.

Aber Bewegung bedeutet nicht nur wirkliche Bewegung. Geistige Bewegung und Aktivität ist sehr oft genauso effektiv wie körperliche. Dem kinästhesischen Menschen ist anzuraten, sich Kenntnisse, die er erwerben soll, in Bewegung vorstellen.

INTRAPERSONNELLE INTELLIGENZ

Sie ist die Intelligenz von einsamen Dichtern wie Rimbaud, von Eremiten, die sich in Meditation und Selbstbeobachtung vertiefen, von schöpferischen Schriftstellern, die in ihrem Zimmer zurückgezogen schreiben. Das ist auch die Intelligenz des so genannten „typischen" Wissenschaftlers, wie die des Professors Beinlein, der in der Öffentlichkeit außerhalb seines Spezialbereichs gesellschaftlich unbeholfen, ja fast unsozial wirkt, während er in seinem Labor ein echtes Genie ist. Solche Menschen müssen sich zurückziehen und allein über die neu gelernten Begriffe nachdenken, um sie richtig aufzunehmen. Sie sind die Lieblingsschüler der Lehrer, denn sie bringen Leistungen, ohne dass man sich um sie kümmern muss. In ihren Köpfen ordnet sich alles in der Einsamkeit und der Ruhe. Sie sagen: „Ich muss darüber nachdenken, und dann reden wir darüber."

INTERPERSONELLE INTELLIGENZ

Sie ist die Intelligenz der großen Kommunikationsmenschen wie Winston Churchill. Das ist die Intelligenz von Gandhi, der, wie kein anderer, die Volksmassen zu verstehen und zu führen wusste. Das ist diejenige von Napoleon, der mit seinen Soldaten zu sprechen wusste und sie bis zur Euphorie für die gemeinsame Sache stimulieren konnte. Das ist die Intelligenz des Herzogs von Talleyrand, der wechselweise Berater von Napoleon und von Ludwig XVIII. war und den man fürchtete, weil er so gut in der Menschenseele lesen und ihre Wirklichkeit verstehen konnte. Das ist die Intelligenz von de Gaulle, der die Resistance-Kräfte vereinte. Das ist auch diejenige von René Lévesque, der es verstand, Gruppen mit manchmal sehr divergenten Meinungen für ein gemeinsames Ziel zu gewinnen. Das ist die des Schülers oder Erwachsenen, der sagt: „Lass uns dieses Problem kurz diskutieren, dann werden wir es besser verstehen."

Sie haben es sicherlich schon bemerkt: Kein Mensch lässt sich ausschließlich dem einen oder dem anderen dieser Intelligenztypen zuordnen. Wir arbeiten alle mit unterschiedlichen Intelligenzen. Wenn wir uns selbst ein wenig beobachten, können wir leicht feststellen, mit welchen von ihnen wir am erfolgreichsten arbeiten.

Zahlreiche Menschen glauben, sie seien nicht begabt, aber sie haben eigentlich nur ein einziges Problem: Sie sind nie an die Informationen mit derjenigen Intelligenz herangegangen, mit der sie am besten umgehen können. Wir können die Intelligenztypen wie eine Art Fenster betrachten, durch die das Wissen einströmt.

Da wir jetzt besser verstehen, wie das Gehirn funktioniert und vor allem wie es die Informationen durch verschiedene Fenster sammelt, können wir die sieben Intelligenzen in drei breiten Kanälen zusammenfassen, durch die das Wissen in uns eindringt, oder besser gesagt, durch die das Gehirn es erfasst. Um die Information optimal zu behalten und abzuspeichern, braucht man drei Stützen: die visuelle, die auditive und die kinästhesische (VAK).

Zur Veranschaulichung ein wenig Geschichte: Wenden wir uns den Anfängen der Geschichte Kanadas zu, der Ankunft der ersten Einwanderer in Quebec.

Am 20. April 1534 segelt Jacques Cartier von der französischen Küste los, er kommandiert zwei Segelschiffe mit einer rund sechzig Mann starken Besatzung. Nach drei Wochen auf hoher See nähert er sich der Küste Neufundlands, segelt durch die Belle-Isle-Straße und fährt in das ein, was später der Sankt-Lorenz-Golf genannt wird, und landet schließlich bei den Magdalenen-Inseln. Er nähert sich der

Prince-Edward-Insel und fährt am 3. Juli 1534 in eine Bucht ein, die seichter und wärmer ist als die der Neufundlandküste, er nennt sie „Baie des Chaleurs“ (= Chaleurbai: Bucht der Wärme). Nach einem Halt in Port-Daniel erreicht er am 24. Juli 1534 die Bucht von Gaspé, wo er ein dreißig Meter hohes Kreuz errichtet. Schließlich umsegelt er die Anticosti-Insel und kehrt nach Frankreich zurück.

Am 19. Mai 1535 sticht er wieder in See, diesmal aber mit drei Schiffen und fast hundertzehn Mann. Er braucht zwei Monate für die Überfahrt. Am 10. August gelangt er durch die Belle-Isle-Straße in eine riesige Bucht, die er zur Ehre des an diesem Tag gefeierten Heiligen Sankt-Lorenz nennt. Dieser Name wird später auf den ganzen Fluss übertragen und auf das Land, das man Laurentia nennen wird.

Er fährt dann den Fluss hoch, entdeckt die Mündung des Saguenays und ist von der Schönheit der Landschaft überwältigt. Am 8. September 1535 umfahren die drei Schiffe die Île d'Orléans und werfen Anker vor Stadacona, die künftige Stadt Quebec. Jacques Cartier verbrüdert sich mit dem Häuptling Donnaconna. In einem Beiboot fährt er den Fluss bis zum Indianerdorf Hochelaga am Fuß des Mount Royal hoch, wo später die Stadt Montreal entstehen wird. Dann kehrt er nach Quebec zurück, um dort zu überwintern.

Wegen des Mangels an frischem Fleisch und Gemüse bekommen die Siedler Skorbut. Mehr und mehr sterben, bis die Indianer ihnen zeigen, wie man Tee aus weißer Zeder zubereitet. Im Herbst 1536 segelt Jacques Cartier nach Frankreich zurück, mit einigen Indianern an Bord...

Alle diese Informationen haben Sie durch das visuelle Fenster aufgenommen.

Lesen Sie nun den Abschnitt über Jacques Cartiers Reisen noch einmal, aber laut. Oder noch besser: Nehmen Sie ihn auf Kassette auf und hören Sie sich diese entspannt in einem Sessel an. Sie nehmen dann die Informationen durch das auditive Fenster auf. Ideal wäre, wenn Sie sich gleichzeitig einen Comic anschauen könnten, der Jacques Cartiers Reisen beschreibt. Dann würden Sie die Informationen zugleich durch das auditive und das visuelle Fenster aufnehmen.

Lesen Sie jetzt den Text ein letztes Mal, wobei Sie sich in das Geschehen hineinversetzen. Stellen Sie sich vor, Sie stehen neben Jacques Cartier, in Gaspé zum Beispiel, und gerade Sie wählt er aus, um das dreißig Meter hohe Kreuz aufzustellen, das mehr als fünfzehn Mal größer ist als Sie... Später fahren Sie in die Mündung des Sankt-Lorenz-Stroms ein, die Sonne leuchtet... Wir haben August, nur ein paar Wochen vor Schulbeginn... Sie hören zu, wenn Jacques Cartier feierlich verkündet, dass er zur Ehre von Sankt Lorenz dem Fluss dessen Namen geben wird. Und so weiter...

Wenn Sie den Text auf Band gesprochen haben, setzen Sie sich bequem in einen Sessel und hören Sie ihn sich an, bemühen Sie sich dabei zu visualisieren, wie Sie die Ereignisse miterleben und an ihnen teilnehmen. In einem solchen Augenblick ist absolute Entspannung sehr hilfreich (wir werden diesen Begriff im nächsten Kapitel klären). Denken Sie immer daran, dass der kinästhesische Aspekt Bewegung bedeutet, aber dass diese nicht unbedingt physisch sein muss, sie kann sich auch im Kopf abspielen. Zahlreiche Sportler vollbringen große Leistungen, indem sie ihre physische Trainingszeit verkürzen, dafür aber ihr tägliches Training durch regelmäßige Visualisierungsübungen ergänzen. Während dieser Übungen gelangen sie zu geistigen Spitzenleistungen (wir werden in einem späteren Kapitel sehen, wie entscheidend die Visualisierung ist).

Wichtig ist, dass Sie die Informationen mit einer Bewegung kombinieren. Ideal wäre, Cartiers Weg mit einem Schiff neu zu fahren, aber das ist natürlich nicht realisierbar. Am einfachsten ist es, wenn Sie die Szenen visualisieren und sich dabei zusehen, wie Sie das Land mit Jacques Cartier entdecken. Sie könnten auch seine verschiedenen Reisen und Wege auf ein Blatt Papier zeichnen, wirklich in seine Haut schlüpfen und sich dabei seine visuellen, auditiven und kinästhesischen Erfahrungen während seiner Forschungsreisen vorstellen. So haben Sie die Informationen durch die drei Fenster VAK aufgenommen.

Wenn Sie sich genügend Zeit für diese Übung genommen haben, können Sie wahrscheinlich gewandt und mit eigenen Worten über Jacques Cartier und seine Reisen berichten.

Sowohl als Lernender als auch als Lehrer muss man visuelle, auditive und kinästhesische Elemente den Informationen hinzufügen und sie immer gleichzeitig durch diese drei Fenster empfangen bzw. vermitteln.

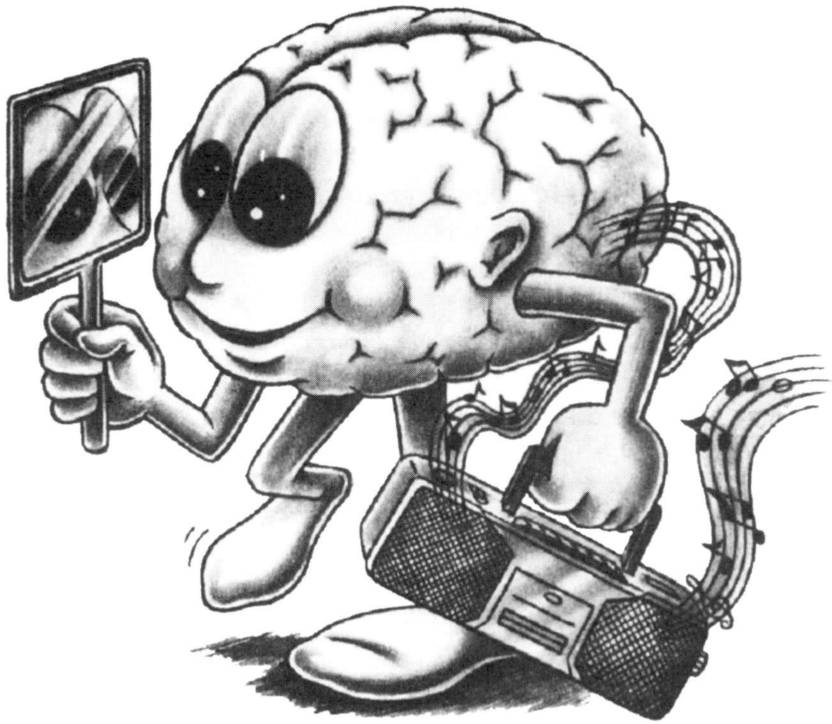

Kapitel 5

ENTSPANNUNG IST MEHR ALS ERHOLUNG!

Jede Verspannung beeinträchtigt die Lernfähigkeit und das intellektuelle Leistungsvermögen. Die Lösung heißt Entspannung und ist ein grundlegender Aspekt des beschleunigten Lernens.

In der Grundschule warten die Kinder ungeduldig auf ihre Sitzung Superlearning, in der sie durch Entspannung und Visualisierung im Liegen lernen können.

Aber inwiefern begünstigt die Entspannung das Lernen? Hierzu gibt es zwei Sichtweisen.

Zuerst als reine Erholung, die ermöglicht, dass man sich vom Alltagsstress befreit und Energien auftankt. Sie ist eine gute Methode, wenn man Muskelverspannungen abbauen will, die bestimmte Migräne-Arten, Rückenschmerzen oder Schlaflosigkeit verursachen. Aber abgesehen von dieser wohltuenden Rolle ist Entspannung viel mehr als einfache Erholung. Der zweite Aspekt ist, dass man sie benutzt, um „Grenzzustände des Bewusstseins" zu erreichen, in denen das Gehirn weitaus schärfer, intensiver, umfassender und wirksamer funktioniert. Jede Visualisierung in diesen Grenzzuständen des Bewusstseins zeigt eine erstaunliche Wirkung. Jede empfangene Information wird verstanden und demnach besser aufgenommen.

Mit dem Aspekt der Entspannung wollen wir uns nun näher beschäftigen: Die Frage ist, wie man im Organismus einen Zustand großer Rezeptivität erzeugen kann, der erlaubt, dass wir Informationen leichter empfangen, besser verstehen, aufnehmen und in uns so verankern, dass wir sie behalten und jederzeit abrufen können.

Es gibt mehrere Bewusstseinsebenen, zwischen denen wir uns je nach Beschäftigung und innerer Verfassung hin und her bewegen. Die Wissenschaft definiert diese verschiedenen Bewusstseinszustände nach dem Verlauf der Gehirnwellen auf einem Elektroenzephalogramm. Für uns sind drei Typen von Gehirnwellen interessant. Es sind die Beta- (β), Alpha- (α) und Thetawellen (θ), die ganz einfach verschiedenen Frequenzbereichen entsprechen.

Die β-Wellen werden überwiegend bei einem Menschen in wachem Zustand beobachtet. Die β-Wellen überwiegen auf der Skala der Gehirnwellen, wenn eine Person in ein normales Alltagsgespräch verwickelt ist oder wenn sie über eine praktische und konkrete Frage nachdenkt. Wird unsere Aufmerksamkeit verlangt, ohne dass wir uns vollständig in eine Beschäftigung vertiefen, erzeugen wir jedes Mal β-Wellen. Die meiste Zeit, die wir mit einer bewussten Beschäftigung verbringen, befinden wir uns im „β-Modus“. Die β-Wellen breiten sich auf einer Skala von 13 bis 35 Schwingungen pro Sekunde (Hz) aus.

Wenn man vor sich hin träumt, nicht bei der Sache ist oder wenn man sich so sehr in etwas hineinversetzt, dass man Zeit und Raum vergisst, dann ist man im „α-Modus“. Dieser Wellentyp setzt kurz vorm Einschlafen ein. Mit etwas Übung kann man im „α-Modus“ bei vollem Bewusstsein bleiben und weiter nachdenken. Die intellektuellen Fähigkeiten sind dann hellwach. Unterscheidungs- und Urteilsvermögen gelangen zu ihrem Höhepunkt. Wenn das Gehirn sich im „α-Modus“ befindet, erreicht man einen Zustand hoher Rezeptivität und geistiger Wachsamkeit. Die Frequenz der α-Wellen erstreckt sich von 8 bis 12 Hz.

Im θ-Modus schließlich nehmen Rezeptivität, problemlösendes und intuitives Denken stark zu. Der Geist ist klar und munter. Dieser Zustand wird aber nur selten ohne beharrliches Üben im Wachzustand erreicht. Die Frequenz der θ-Wellen schwankt zwischen 4 und 7 Hz.

Mit einiger Übung kann man durch Entspannung das Nervensystem in einen Zustand mit überwiegenden α- oder θ-Wellen versetzen und so jeden geistigen Prozess begünstigen, der das Lernen erleichtert. Wenn das Gehirn α- oder θ-Wellen produziert, lernt man sehr viel schneller und leichter. Man versteht intuitiv, und dies ermöglicht eine tiefgründigere Aufnahme der zu erwerbenden Kenntnisse. Diese Bewusstseinszustände wirken sich außerdem positiv auf das Gedächtnis aus.

Damit Sie besser verstehen, wie diese Wellen unsere Fähigkeiten verfeinern, möchte ich zur Veranschaulichung die Erfahrungen einiger berühmter Persönlichkeiten wiedergeben.

Der Mathematiker Henri Pointcarré beschreibt mit folgenden Worten, wie es ihm gelang, die Lösung eines schwierigen Problems zu finden:

> *Eines Abends trank ich entgegen meiner Gewohnheit schwarzen Kaffee und konnte nicht einschlafen: Die Ideen überschlugen sich, ich fühlte, wie sie aufeinander prallten, bis sich zwei von ihnen sozusagen ineinander verhakten und eine stabile Kombination bildeten. [...] In so einem Fall hat man den Eindruck, man ist Zuschauer seiner eigenen unbewussten Arbeit, die zwar dem übererregten Bewusstsein teilweise zugänglich geworden ist, aber dennoch im Wesentlichen unverändert bleibt. Man erahnt dann, was beide Mechanismen oder, wenn man will, die Arbeitsmethoden beider Ichs unterscheidet.*

Denken wir auch an Albert Einstein, der im Gras lag und sich in einem Tagtraum entlang eines endlosen Sonnenstrahls gleiten ließ, bis er die Unendlichkeit der Welt ergründete. Daraus entstand ein neues Gesetz der modernen Physik. Wir erinnern uns auch an Kekulé von Stradonitz, der die zyklische Struktur des Benzols entdeckte. Er machte diese Entdeckung während eines Traums, einer Phase, in der sich das Gehirn oft im „α-Modus“ befindet.

Elias Howe, der Erfinder der Nähmaschine, machte seine Entdeckung unter recht erheiternden Umständen. Er arbeitete schon lange an dem, was später die Nähmaschine werden sollte, es wollte ihm aber nicht einfallen, wie er die Nadel einbauen und das Garn einfädeln könne. Müde legte er seine Arbeit zur Seite und hielt ein Nachmittagsschläfchen. Während er schlief, träumte er, Kannibalen hätten ihn entführt und zum Kochen in einen riesigen Kessel geworfen. Er sah, wie er selbst unter Zwiebeln und Möhren schmorte und all diese Kannibalen ihre Lanzen auf ihn richteten, damit er unten im Kessel blieb. Er wurde plötzlich auf die Lanzenspitzen aufmerksam: Sie hatten ein Loch. Er schreckte aus dem Schlaf auf... Er hatte die Lösung gefunden: Am spitzen Ende der Nadel musste er das Öhr bohren.

Robert Louis Stevenson bediente sich regelmäßig des Tagtraums, um den Ablauf seiner Geschichten zu strukturieren. So entstand der heutzutage berühmte Roman *Dr. Jekyll and Mr. Hyde.*

Diese verschiedenen Fälle veranschaulichen, wie Entspannung und Grenzbereiche des Bewusstseins benutzt werden können, wenn man lernt oder Probleme jeglicher Art zu lösen sucht. Zunächst muss man das Problem oder die zu erwerbenden Kenntnisse mit dem wachen Bewusstsein zügig, aber gründlich erfassen. Wichtig ist dabei, dass man sich die Einzelheiten des Problems zumindest unbewusst einprägt bzw. dass man vorher den Lernstoff auf sich wirken lässt. Anschließend legt man sich hin und lässt die Grenzzustände des Bewusstseins in Aktion treten. Dabei kommt dem wachen Bewusstsein (β-Wellen) in etwa die Rolle zu, die Informationen aufzunehmen und sie von allen Seiten zu beleuchten. Wenn alle Informationen gesammelt sind, ordnet sie der Grenzzustand des Bewusstseins und zieht daraus ein tieferes Verständnis.

Im Meninger-Institut (Kansas) durchgeführte Forschungen haben bewiesen, dass es einen direkten Zusammenhang zwischen der Intensitätszunahme der α- und θ-Wellen und der Lernfähigkeit gibt. Dr. Lozanovs Vorgehensweise, die das Erlernen einer Fremdsprache in kürzester Zeit ermöglichte, beruhte größtenteils auf der Beeinflussung dieser Bewusstseinszustände.

Also, wenn Sie demnächst etwas lernen müssen, eine schriftliche oder mündliche Arbeit anfertigen, ein Projekt in groben Zügen vorbereiten oder Bilanz aus einer Situation ziehen, behalten

Sie alle Einzelheiten des Problems im Kopf, versetzen Sie sich in tiefe Entspannung und lassen Sie Ihrer Phantasie freien Lauf. Dann werden Sie entdecken, wie Sie Ihr Thema entwickeln, Ihr Projekt aufbauen oder eine schwierige Situation ihrer Lösung zuführen können.

Was das Lernen betrifft, werden wir später im Kapitel über das Superlearning sehen, wie wir die Entspannung zusammen mit einer Reihe anderer Elemente nutzen können, um Informationen im Gedächtnis langfristig fest zu verankern.

Jetzt, wo wir verstanden haben, wie wichtig die Entspannung für das Lernen und jede geistige Arbeit ist, werden wir untersuchen, wie wir uns entspannen können.

Es gibt mehrere Entspannungstechniken. Alle diese verschiedenen Techniken ausführlich zu beschreiben scheint hier überflüssig. Ich möchte nur zwei auswählen, die sich im Laufe der Jahre als besonders wirksam erwiesen haben, um die entsprechenden Bewusstseinszustände zu erzeugen, und die relativ leicht zu beherrschen sind: das autogene Training und die psychische Entspannung.

DAS AUTOGENE TRAINING

Das autogene Training wurde in den dreißiger Jahren von einem deutschen Arzt entwickelt, Dr. Johannes Schultz. In der Praxis benutzte Dr. Schultz die Hypnose. Eines Tages fragte er sich, ob es möglich sei, durch einfache Suggestion einen hypnose-ähnlichen Zustand zu erzeugen, in dem die Person vollkommen bei Bewusstsein bliebe. Er begann dann zu untersuchen, welche Veränderungen in der Physiologie und der Sinneswahrnehmung stattfinden, wenn eine Person sich in einem tiefen hypnotischen Zustand befindet.

Zuerst fühlt der Patient, dass seine Glieder, die Beine und Arme, schwer und weich werden. Dann entsteht langsam ein Wärmegefühl, begleitet von einer leichten Trägheit. Schwere, Wärme und Trägheit können so sehr zunehmen, dass die Person möglicherweise jeden Sinneskontakt mit der Wirklichkeit verliert. Die Person fühlt ihre

Glieder nicht mehr, hat den Eindruck, sie sind unförmig oder liegen an einer anderen Stelle als in Wirklichkeit. Je stärker sie sozusagen in den hypnotischen Zustand versinkt, desto intensiver und ausgedehnter nimmt die Person ihre Herzschläge wahr. Es entsteht ein Wärmegefühl in der Gegend des Sonnengeflechts, das sich langsam im ganzen Unterleib ausbreitet. Die Person befindet sich dann in einem Zustand tiefer Hypnose.

Dr. Schultz ließ mehrere seiner Patienten diese verschiedenen Etappen ohne Hilfe der Hypnose erleben und erreichte bei ihnen sehr tiefe Entspannungszustände bei vollem Bewusstsein. Er bemerkte, dass unter diesen Bedingungen die Visualisierung intensiviert und die Selbstbeeinflussung beschleunigt wurde. Er ermöglichte so, dass sich mehrere seiner Patienten selbst heilten, ja sich sogar von Krankheiten befreiten, die als unheilbar galten. Manche konnten sich dadurch zum Beispiel von ihrer Schüchternheit befreien, ihrem Mangel an Selbstvertrauen oder der Neigung zu Wutanfällen.

Ich lege Ihnen jetzt dar, wie Sie sich durch autogenes Training entspannen können. Der Suggestionstext wurde so gestaltet, dass Sie ihn auf Kassette aufnehmen und als Anleitung für ihre kontrollierte Entspannungssitzung benutzen können. Dieser Text soll als Grundgerüst verstanden werden, auf dem Sie Ihre eigenen persönlichen Entspannungssitzungen entwickeln können.

Legen Sie sich bequem auf einen Teppich oder, falls Sie leicht einschlafen, machen Sie es sich lieber in einem Sessel gemütlich. Decken Sie sich leicht zu, falls Sie kälteempfindlich sind. Lassen Sie eine Hintergrundmusik ihrer Wahl laufen oder noch besser Barockmusik mit einem Rhythmus von 56 bis 60 Schlägen pro Minute. Diese Musik begünstigt eine tiefe Entspannung und eine gute Konzentration. (Dieses Thema wird im nächsten Kapitel behandelt.)

Atmen Sie einige Mal tief durch und wiederholen Sie im Kopf, während Sie **einatmen**:

Ich atme die Luft ein. Ich fülle mich mit der Energie, die mir Ruhe, Entspannung und Wachsamkeit bringt.

Während Sie den Atem **anhalten**, sagen Sie sich:

Ich halte diese Energie in mir fest, die meinen Körper und meinen Geist überflutet.

Während Sie **ausatmen**, sagen Sie sich:

Ich stoße die unreine Luft aus und versetze mich in Frieden, Ruhe und Gelassenheit.

Atmen Sie tief ein, aber ohne Übertreibung, und atmen Sie so langsam wie möglich aus.

Nehmen Sie diese Aussagen auf Band auf, so oft hintereinander, wie Sie möchten. Diese Art zu atmen schafft sehr gute Voraussetzungen für die Entspannung.

Dann sagen Sie:

Ich lenke meine Aufmerksamkeit auf meinen rechten Arm. Mein rechter Arm ist schwer und weich.

Mein rechter Arm ist schwer und weich, vollkommen locker, vollkommen entspannt.

Mein rechter Arm ist schwer und weich.

Mein rechter Arm liegt schwer, vollkommen entspannt auf dem Boden.

Ich lenke meine Aufmerksamkeit auf die Auflagestellen meines rechten Arms, wo die Hand, der Ellbogen, die Schulter auf dem Boden liegen, und merke, wie schwer mein Arm auf dem Boden liegt.

Mein rechter Arm ist schwer und weich, vollkommen locker, vollkommen entspannt.

Versuchen Sie nicht bemüht und krampfhaft, Ihren Arm schwer und weich zu fühlen, lassen Sie sich ganz einfach von der Suggestion durchdringen und fühlen Sie, wie sich Spannungen lösen und Entspannung entsteht.

[Pause]

Nun lenke ich meine Aufmerksamkeit auf meinen linken Arm. Mein linker Arm ist schwer und weich.

Mein linker Arm ist schwer und weich, vollkommen locker, vollkommen entspannt.

Mein linker Arm ist schwer und weich.

Mein linker Arm liegt schwer, vollkommen entspannt auf dem Boden.

Ich lenke meine Aufmerksamkeit auf die Auflagestellen meines linken Arms, wo die Hand, der Ellbogen, die Schulter auf dem Boden liegen, und merke, wie schwer mein Arm auf dem Boden liegt.

Mein linker Arm ist schwer und weich, vollkommen locker, vollkommen entspannt.

[Pause]

Nun lenke ich meine Aufmerksamkeit auf mein rechtes Bein. Mein rechtes Bein ist schwer und weich.

Mein rechtes Bein ist schwer und weich, vollkommen locker, vollkommen entspannt.

Mein rechtes Bein ist schwer und weich.

Mein rechtes Bein liegt schwer, vollkommen entspannt auf dem Boden.

Ich lenke meine Aufmerksamkeit auf die Auflagestellen meines rechten Beins, wo die Ferse, die Wade, der Schenkel auf dem Boden liegen, und merke, wie schwer mein Bein auf dem Boden liegt.

Mein rechtes Bein ist schwer und weich, vollkommen locker, vollkommen entspannt.

[Pause]

Nun lenke ich meine Aufmerksamkeit auf mein linkes Bein. Mein linkes Bein ist schwer und weich.

Mein linkes Bein ist schwer und weich, vollkommen locker, vollkommen entspannt.

Mein linkes Bein ist schwer und weich.

Mein linkes Bein liegt schwer, vollkommen entspannt auf dem Boden.

Ich lenke meine Aufmerksamkeit auf die Auflagestellen meines linken Beins, wo die Ferse, die Wade, der Schenkel auf dem Boden liegen, und merke, wie schwer mein Bein auf dem Boden liegt.

Mein linkes Bein ist schwer und weich, vollkommen locker, vollkommen entspannt.

[Pause]

Langsam breiten sich Entspannung und Schweregefühl in meinem Becken, meinem Bauch und meiner Brust aus. Alle Bauch- und Brustmuskeln sind vollkommen entspannt, vollkommen locker.

[Pause]

Ich lenke meine Aufmerksamkeit auf die Auflagestellen meines Rückens auf dem Boden und bemerke die Schwere meines Körpers. Ich fühle, wie die Spannungen, eine nach der anderen, verschwinden und einer tiefen Entspannung Platz machen.

[Pause]

Die Entspannung überflutet mein Gesicht. Mein Gesicht ist vollkommen entspannt. Mein Kiefer ist ganz locker, ganz entspannt. Meine Lider ruhen leicht auf meinen Augen, vollkom-

men locker, leicht und entspannt. Alle meine Stirn- und Schädelmuskeln sind vollkommen entspannt.

[Pause]

Mein Kopf, mein Hals, mein Nacken, meine Schultern, mein Rücken, mein Bauch, meine Arme, meine Beine, mein ganzer Körper liegen schwer auf dem Boden, vollkommen entspannt, vollkommen locker.

[Pause]

Ich nehme mir etwas Zeit und genieße diese Entspannung, die meine geistigen Fähigkeiten und meinen ganzen Organismus wiederbelebt und erfrischt.

[Pause]

Nun fühle ich, wie langsam Wärme in mich strömt, begleitet von einer leichten Trägheit. Mein rechter Arm ist warm und träge. Ich fühle, wie langsam Wärme in meinen rechten Arm strömt, begleitet von einer leichten Trägheit. Dieses Gefühl ist sehr angenehm. Mein rechter Arm ist warm und träge. Mein rechter Arm ist so träge, dass ich ihn immer weniger fühle. Mein rechter Arm wird immer mehr zu einer unförmigen Masse, die auf dem Boden ruht.

[Pause]

Nun ist mein linker Arm warm und träge. Ich fühle, wie langsam Wärme in meinen linken Arm strömt, begleitet von einer leichten Trägheit. Dieses Gefühl ist sehr angenehm. Mein linker Arm ist warm und träge. Mein linker Arm ist so träge, dass ich ihn immer weniger fühle. Mein linker Arm wird immer mehr zu einer unförmigen Masse, die auf dem Boden ruht.

[Pause]

Nun wird langsam mein rechtes Bein warm und träge. Ich fühle, wie langsam Wärme in mein rechtes Bein strömt, begleitet von einer leichten Trägheit. Dieses Gefühl ist sehr ange-

nehm. Mein rechtes Bein ist warm und träge. Mein rechtes Bein ist so träge, dass ich es immer weniger fühle. Mein rechtes Bein wird immer mehr zu einer unförmigen Masse, die auf dem Boden ruht.

[Pause]

Nun wird mein linkes Bein langsam warm und träge. Ich fühle, wie langsam Wärme in mein linkes Bein strömt, begleitet von einer leichten Trägheit. Dieses Gefühl ist sehr angenehm. Mein linkes Bein ist warm und träge. Mein linkes Bein ist so träge, dass ich es immer weniger fühle. Mein linkes Bein wird immer mehr zu einer unförmigen Masse, die auf dem Boden ruht.

[Pause]

Ich lenke meine Aufmerksamkeit auf meinen Herzschlag. Ich fühle, wie mein Herz immer kräftiger, ruhiger, regelmäßiger schlägt. Ich fühle meinen Herzschlag im ganzen Brustkorb, in meinen Armen, in meinen Händen, in meinen Beinen. Ich fühle bis in die Finger- und Zehenspitzen, wie mein Herz schlägt. Ich fühle, wie mein ganzer Körper im Rhythmus meines Herzens schlägt.

[Pause]

Nun fühle ich, wie langsam Wärme in der Gegend meines Sonnengeflechtes entsteht. Die Wärme ist wohlig und wird immer stärker. Diese Wärme breitet sich langsam im ganzen Bauch aus. Diese Wärme ist angenehm.

[Pause]

Ich nehme mir etwas Zeit, um diese tiefe Entspannung zu genießen.

Zum Schluss Ihrer Sitzung können Sie sich einige Suggestionen für die nächsten Sitzungen zurechtlegen.

Suggerieren Sie sich:

Je mehr ich mich entspanne, um so leichter erreiche ich einen Zustand tiefer Entspannung. Mein Körper, mein Geist, mein ganzes Wesen ist immer entspannter, lockerer und gelassener.

PSYCHISCHE ENTSPANNUNG

Die psychische Entspannung lehnt sich an die vom Monroe-Institut entwickelte Vorgehensweise an, über die im nächsten Kapitel kurz berichtet wird.

Bei dieser Technik will man jeden Kopfteil entspannen, den Kiefer, die Wangen, die Lider, die Kopfhaut, die Ohren, den Hals, den Nacken usw. Man lässt diese Entspannung bis zum Gehirn strömen, sie das Gehirn durchtränken und „befiehlt" ihm, die Entspannung in jeden Körperteil zu übertragen.

Wie das autogene Training benutzt die psychische Entspannung die Autosuggestion. Diese Entspannungstechnik hilft auch, Aufmerksamkeit und Konzentration zu erhöhen. Während die Gefahr beim autogenen Training darin besteht, dass man nach und nach einschläft, kann die psychische Entspannung Ihnen helfen, sich zu entspannen und dabei dennoch geistig hellwach zu bleiben.

Auch hier ist die Entspannungsmethode so konzipiert, dass Sie die Übungen auf Kassette aufnehmen und so eine kontrollierte Entspannungssitzung erstellen können. Sie können sie selbstverständlich nach Bedarf ändern.

Legen Sie sich bequem auf den Boden oder setzen Sie sich in einen Sessel. Stellen Sie eine Musik an, die Entspannung begünstigt. Atmen Sie einige Male tief durch und greifen Sie dabei auf die Suggestionen zurück, die bei der autogenen Trainingstechnik angegeben wurden.

[Pause]

Meine Lider sind schwer und ruhen ohne Spannung auf den Augen. Die Muskeln meiner Lider und die Muskeln meiner Augen sind ganz entspannt, ganz locker. Ich fühle, wie die

Entspannung sich langsam auf meinen Lidern und meinen Augen ausbreitet.

[Pause]

(Benutzen Sie die Pausen, die Sie beliebig lang gestalten können, um die Suggestionen im Kopf zu wiederholen.)

Mein Kiefer ist ganz entspannt, ganz locker. Alle Muskeln meines Kiefers sind entspannt, locker. Jede Spannung entweicht und lässt eine tiefe Entspannung aufkommen.

[Pause]

Meine Zunge ist entspannt, sie ruht bewegungslos im Mund. Alle Muskeln meines Kiefers und meines Mundes sind ganz locker, ganz entspannt.

[Pause]

Meine Wangen und alle Muskeln meines Gesichtes sind vollkommen entspannt. Ich fühle, wie Ruhe und Entspannung sich in meinem Gesicht ausbreiten. Mein Gesicht strömt Ruhe, Entspannung und Gelassenheit aus.

[Pause]

Mein Nacken und mein Hals sind vollkommen entspannt. Alle Muskeln meines Halses und meines Nackens lockern und entspannen sich.

[Pause]

Alle Muskeln meiner Kopfhaut und meines Kopfes lockern und entspannen sich, sie erleichtern die psychische Entspannung. Mein ganzer Kopf wird von einer tiefen und angenehmen Entspannung durchtränkt.

[Pause]

Langsam breitet sich diese Entspannung aus und strömt in mein Gehirn. Mein Gehirn wird von dieser tiefen Entspannung durchtränkt. Ich fühle, wie diese Entspannung sich in meinen ganzen Kopf ausbreitet und mir zu einer tiefen psychischen Entspannung verhilft. Mein Gehirn und mein ganzes Nervensystem werden von dieser tiefen Entspannung durchtränkt.

[Pause]

Ich übertrage diese Entspannung in die verschiedenen Teile meines Körpers. Durch die Nerven, die von der Ruhe und der Entspannung durchtränkt werden, übertrage ich diese Entspannung auf meine Schultern...

Schultern, ihr entspannt euch... Schultern, entspannt euch! Muskeln der Schultern, entspannt euch!

[Pause]

Nun übertrage ich meine Entspannung auf den rechten Arm. Rechter Arm, du entspannst dich, du lockerst dich. Muskeln meines rechten Arms, lockert euch, entspannt euch!

[Pause]

Linker Arm, du entspannst dich, du lockerst dich. Muskeln meines linken Arms, lockert euch, entspannt euch!

[Pause]

Muskeln meiner Brust, entspannt euch! Mein Herz, meine Lungen, ihr entspannt euch, ihr lockert euch. Mein Herz, du schlägst langsam und regelmäßig; mein Atem ist langsam und regelmäßig. Muskeln meiner Brust, lockert euch, entspannt euch!

[Pause]

Muskeln meines Bauchs, entspannt euch, lockert euch! Alle Muskeln und alle Organe meines Bauchs, ihr entspannt euch, ihr lockert euch.

[Pause]

Muskel meines Beckens, ihr lockert euch. Alle Muskeln und Organe meines Beckens, ihr entspannt euch, ihr lockert euch.

[Pause]

Nun übertrage ich meine Entspannung auf mein rechtes Bein. Rechtes Bein, du entspannst dich, du lockerst dich. Muskeln meines rechten Beines, lockert euch, entspannt euch!

[Pause]

Linkes Bein, du entspannst dich, du lockerst dich. Muskeln meines linken Beines, lockert euch, entspannt euch!

Alle Muskeln meiner Beine sind ganz locker, ganz entspannt.

Mein ganzer Körper wird von dieser tiefen Entspannung durchdrungen, die meinen Körper und meinen Geist wiederbelebt. Mein Gehirn ist entspannt und mein Gesicht strömt Ruhe und Gelassenheit aus.

[Pause]

Ich bin soweit, ich kann mein ganzes Lernvermögen freisetzen und ausdrücken, auch mein Denkvermögen... Mein ganzes Lernvermögen drückt sich frei in Entspannung und Vergnügen aus.

Haben Sie die zu Ihnen am besten passende Entspannungstechnik herausgefunden, verwenden Sie diese jeden Tag, bis Sie einen Zustand tiefster Entspannung innerhalb weniger Sekunden erreichen können. Mit der Zeit werden Sie diesen Zustand erreichen können, während sie zum Beispiel bis drei zählen.

Jedesmal, wenn Sie etwas verstehen und behalten müssen oder einen Text, einen Brief schreiben oder eine neue Sprache erlernen müssen, nehmen Sie sich Zeit für die Entspannung. Wollen Sie Kenntnisse auffrischen, dann entspannen Sie sich und wiederholen Sie den Stoff, den Sie behalten müssen, mit Hilfe der Visualisierung.

In den nächsten Kapiteln werden wir sehen, wie die Entspannung zusammen mit der Musik und der Atmung benutzt werden kann, um eine unglaubliche Menge an Kenntnissen aufzunehmen.

Kapitel 6

DIE WELT DER MUSIK

Farben, Gerüche, Geräusche, alles um uns herum beeinflusst uns auf irgendeine Weise. Dennoch bleibt uns dies meistens unbewusst.

Charles Baudelaire schreibt in einem seiner schönsten Gedichte:

Natur: ein Tempelbau, lebendige Säulen ragen,
Manchmal daraus ein wirres Wort entflieht;
Der Mensch durch Wälder von Symbolen zieht,
Die mit vertrauten Blicken ihn befragen.

Wie lang ein Hall und Widerhall von weit
In Eines dunkel tief zusammenklingen,
Ton, Duft und Farbe ineinander schwingen,
Endlos wie Nacht und wie Helligkeit.

Und Düfte gibt es, frischer als ein Kind,
Wie Wiesen grün, süß wie Oboen tönen,
- Und andre, die verderbt und üppig sind,

Frohlockend wie Unendliches sich dehnen,
So Ambra, Moschus, Mandel, Myrrhe singen
Verzückungen, die Geist und Sinn durchdringen.

(Übersetzung von Monika Fahrenbach-Wachendorff.)

Alles, was durch die Pforten unserer Sinne in uns eindringt, verändert uns. Farben wirken auf Körper, Geist und Seele. Die Farbe Rot zum Beispiel drängt uns zum Handeln. Denken Sie nur an die Stierkämpfer. Blau und Orange bringen uns Entspannung und begünstigen den Heilungsprozess. Gelb erleichtert die Konzentration und das Lernen.

Phylogenetisch gesehen ist der Geruch der älteste Sinn und das olfaktorische Gedächtnis wahrscheinlich dasjenige, das am stärksten entwickelt ist. Genauso wie die Farben wirken die Gerüche auf unsere Stimmung und unsere seelische Verfassung durch bestimmte Assoziationen, die sie im Gedächtnis hervorrufen, und aufgrund ihrer Beschaffenheit selbst. Durch den Lavendelgeruch zum Beispiel stellen sich Ruhe und Harmonie ein. Der Zitronengeruch verleiht darüber hinaus eine gewisse Leichtigkeit. Der Geruch der Verbene stimmt fröhlich. Der Vanille-, Muskatnuss- und Koriandergeruch erleichtert die Konzentration und die geistige Arbeit. Der Zimtgeruch macht aktiv und ausdauernd. Der Orchideengeruch löst genauso wie der Ambergeruch Beschaulichkeit und Sammlung aus.

Das Gehör ist ein häufig vernachlässigter Sinn. Die Unzahl der Geräusche, die ununterbrochen das Ohr beanspruchen, wirken zwangsläufig auf das Nervensystem. Obwohl es oft schwierig ist, sich bestimmten Geräuschen zu entziehen, können wir glücklicherweise auf unsere unmittelbare Umwelt durch die Musik Einfluss nehmen.

Wir wollen zuerst kurz die Musik untersuchen und die wichtige Rolle verstehen, die sie bei unserem Vorhaben spielt, Konzentration und Lernen zu fördern.

In seinem Buch *Der Staat (Politeia)* erwähnt Platon, dass es für eine Gesellschaft unmöglich ist, den Musikstil zu wechseln, ohne dass die politischen Institutionen dadurch aus dem Gleichgewicht gebracht werden. Er behauptet auch, dass *„am tiefsten in die Seele Rhythmus und Harmonie eindringen, sie am stärksten ergreifen und ihr edle Haltung verleihen: solch edle Haltung erzeugen sie, wenn man richtig erzogen wird..."* [401d] (Ins Deutsche übersetzt von Karl Vretska)

In der Bibel steht geschrieben, dass der König Saul, immer wenn er vom bösen Geist gequält wurde, David kommen ließ: *„Sooft nun ein Geist Gottes Saul überfiel, nahm David die Zither und spielte darauf. Dann fühlte sich Saul erleichtert, es ging ihm gut, und der böse Geist wich von ihm."* (1 Sam 16, 23)

Einer der Philosophen, die am meisten die Wirklichkeit der Musikwelt untersucht haben, ist wahrscheinlich Pythagoras. Porphyrios von Tyros, der seine Biographie verfasste, schreibt: *„In seinem Studium der Musik befasste sich Pythagoras ursprünglich mit bestimmten Rhythmen und Melodien, die heilend und reinigend auf die Handlungen und Leidenschaften des Menschen wirkten, indem sie eine vollkommene Harmonie der Seelenkräfte wiederherstellen."*

Die Musik wirkt unbestreitbar auf unsere Psyche, aber sie beeinflusst auch die Organe des Körpers. Zum Beispiel schrieb Marin Marais, der berühmte Gambist aus dem Anfang des 18. Jahrhunderts, ein Musikstück mit dem Titel *Die Absonderlichkeiten der Gicht*. Dieses Stück sollte von der Gicht heilen. Es wurde auch bewiesen, dass die Musik die Muskelspannung, die Atmung, die Verdauung und den Herzrhythmus beeinflusst. Es wird sogar berichtet, dass drei Dirigenten plötzlich am Pult gestorben sein sollen, als sie dieselbe Stelle aus Wagners Tristan dirigierten. Einige Stämme, wie die Ojibwaindianer, benutzen den Gesang als Heilmittel. Sie stellen sich zu Füßen des Kranken und singen rhythmische Lieder, die dem gregorianischen Gesang ähneln.

Wenn wir die verschiedenen Parameter definieren, die die Musik bestimmen, finden wir den Rhythmus, die Tonhöhe oder Frequenz, die Melodie, die Harmonie und die Klangfarbe. Alle diese Elemente sind auf die eine oder andere Weise für uns interessant. Lassen Sie mich Ihnen eins nach dem anderen kurz erklären.

Der **Rhythmus** ist das Herz der Musik. Dieses Element beeinflusst uns wahrscheinlich am stärksten. Alles im Universum, vom unendlich Großen bis zum unendlich Kleinen, ist Rhythmus, Periode und Frequenz. Vom Rhythmus der Jahreszeiten bis zu den Wellenfrequenzen des Lichtes, die uns die Farben vermitteln, über die Drehung unseres Planeten bis zu den rhythmischen Bewegungen der subatomaren Partikel: Alles im Universum hat einen immanenten Rhythmus, eine Frequenz, eine Schwingung.

Der menschliche Körper kann sich dieser Tatsache nicht entziehen. Er hat einen Tagesrhythmus, der der Bewegung der Sonne folgt. Einige Eigenschaften des parasympathischen Nervensystems, das die Körperfunktionen verlangsamt, schwanken im Rhythmus der Jahreszeiten. Einzig und allein aufgrund der Frequenz der Nervenleitungen (und der Entladungszeit) schafft es das Gehirn, Milliarden von Informationen zu verarbeiten, die es ununterbrochen bekommt. Nicht zu vergessen das Herz und die Atmung, die das körperliche Leben rhythmisch bestimmen. Die durch einen Rhythmus bestimmten Phänomene sind so zahlreich, dass es müßig wäre, hier nur einige wenige aufzuführen.

Was uns in diesem Zusammenhang interessiert, ist, dass der Rhythmus der Musik mehrere physiologische Parameter beeinflusst. Das Herz neigt dazu, im Takt der Musik zu schlagen. So bewirkt eine largo gespielte Musik (mit zwischen 56 und 64 Schlägen pro Minute), dass sich der Rhythmus des Herzschlags verlangsamt. Diese Art von Musik wirkt auch auf die Atmung, indem sie ihren Rhythmus verlangsamt und regelmäßiger macht. Für uns ist der Einfluss des Rhythmus auf die Gehirnströmungen von Bedeutung. Auf diesen Aspekt werden wir ein wenig später zurückkommen.

Die **Tonhöhe** oder **Frequenz** bildet sozusagen das Gerüst der Musik. Sie bestimmt die Noten. Unsere Tonleiter besteht aus sieben Noten, die sich auf einer Skala von 12 Halbtönen verteilen, diese wird Oktave genannt. Je nach Instrument können sich die Noten über mehrere Oktaven erstrecken. Einige Leute, wie Aivanhov, behaupten, jeder Ton würde einen bestimmten Körperteil beeinflussen. Das G zum Beispiel würde auf das Herz wirken, das D auf den Intellekt, das A auf die Seele und das E auf den Geist.

Hinzu kommt, dass nach den Untersuchungen von Alfredo Tomatis, auf die wir später noch zurückkommen, die hohen Frequenzen (über 8 000 Hz) eine regelrechte Nahrung für das Gehirn sind. Musikinstrumente wie die Geige, die Flöte, die Harfe und die Oboe weisen in ihrem Schallspektrum eine breite Skala hoher Frequenzen auf.

Die **Melodie** ist eine Zusammensetzung aus der Abfolge von Noten und aus dem Tempo. Sie ist die Schöpfung des Komponisten, sie ist nicht fassbar, nicht vordefiniert. Dennoch wirkt sie, indem sie Bilder, Empfindungen hervorruft, sie stellt Verbindungen zu den Inhalten des Gedächtnisses her und wirkt so auf das Nervensystem und über dieses auf den ganzen Körper.

Während die Melodie aus einer rhythmischen Abfolge von Noten und Pausen unterschiedlicher Länge besteht, ist die **Harmonie** der Zusammenklang mehrerer Noten, die einen harmonischen Akkord bilden. Die Harmonie beruht auf zwei Tongeschlechtern, Dur und Moll, die verschieden auf die Psyche wirken. So verleihen die Stücke in Dur Kraft und begünstigen das Handeln, während die Stücke und Akkorde in Moll sanft und friedlich stimmen. Bei einigen Leuten können sie sogar Traurigkeit hervorrufen, ja selbst Depressionen verursachen.

Der letzte Musikparameter ist die **Klangfarbe**. Wie der Name schon sagt, bezeichnet sie die Farbe der Töne. Eine auf einem Klavier gespielte Note klingt anders als auf einer Geige, einer Flöte, einer Trompete oder gar auf gewissen Schlagzeugen. Die Klangfülle oder der Klang eines Instruments ist die Folge der Anzahl der Obertöne, die ein Instrument bei jeder Note erzeugt. Die Obertöne sind Nebentöne, die eine vielfache Frequenz des Grundtons besitzen. Die Instrumente mit einem sehr reichen Klang erzeugen also Töne hoher Frequenzen. Wie wir aufgrund der Forschungen von Alfredo Tomatis sehen werden, sind diese Instrumente von Bedeutung, wenn wir eine hohe Konzentration und eine große Aufnahmefähigkeit erzeugen wollen. Dies wird durch Instrumente wie Geige, Harfe, Oboe oder Viola erreicht.

Kehren wir kurz zur wissenschaftlichen Betrachtung der Musik zurück.

Alfredo Tomatis, ein Franzose, ist wahrscheinlich derjenige Wissenschaftler, der sich am meisten für das Gehör und die Welt der Geräusche interessiert hat. Er hat als einer der ersten darauf hingewiesen, dass Geräusche und die mütterliche Stimme schon während der Schwangerschaft auf das Kind einwirken. Er hat unter anderem bewiesen, dass Geräusche mit hoher Frequenz - das heißt über 8 000 Hz - sowohl entspannend als auch stimulierend auf das Gehirn wirken können. Hohe Frequenzen regenerieren die geistigen Kräfte, während die Geräusche mit einer tiefen Frequenz - das heißt unter 2 000 Hz - den Organismus ermüden und manchmal sogar Angst auslösen.

Alfredo Tomatis stützte sich auf diese Eigenschaften der Musik und auf einige neurologische Grundideen, um eine Therapeutik zu entwickeln, mit der zahlreiche Fälle von Dyslexie, chronischer Müdigkeit und Depression behandelt werden können. Die Patienten machen es sich einfach in einem Sessel bequem und hören stundenlang verschiedene Musikarten, die mit Hilfe bestimmter Filter behandelt werden. Im Zusammenhang mit den oben beschriebenen Eigenschaften der Musik empfahl Dr. Tomatis für die Konzentration und die allgemeine Gesundheit die Musik von Vivaldi, Bach und Mozart, wobei er Mozart für besonders geeignet hielt. Großen Stellenwert räumte er auch dem gregorianischen Gesang ein. Der Gesang allgemein ist übrigens fester Bestandteil seiner Therapeutik.

Hält man die Forschungsergebnisse von Robert Monroe mit denen von Gerald Oster und Sherry Edwards zusammen, eröffnet sich ein weiterer wissenschaftlicher Aspekt. Gerald Oster, ein Biophysiker des medizinischen Zentrums Mount Sinai in New York, hat das Phänomen der „Schwebung" entdeckt. Wenn man gleichzeitig aus zwei Quellen Töne mit einer Frequenz von zum Beispiel 50 Hz bzw. 60 Hz erzeugt, entsteht ein schwingender Ton mit einer Frequenz, die dem Unterschied zwischen den beiden Frequenzen der unabhängigen Quellen entspricht; in unserem Fall wäre es also ein schwingender Ton von 10 Hz. Wenn beide Tonfrequenzen aus Quellen kommen, die sich - wie Lautsprecher - in einiger Entfernung befinden, kann der schwingende Ton mit beiden Ohren gehört werden, aber auch von einem Ohr allein. In diesem Fall spricht man von einer **monauralen** Schwebung, das heißt, man braucht nicht gleichzeitig beide Ohren, um den Ton zu hören. Wenn man dagegen die beiden Tonquellen nimmt und jede von ihnen direkt an die beiden Ohrmuscheln hält, ist der wahrgenommene schwingende Ton virtuell, denn er wird vom Gehirn gebildet. Man spricht dann von einer **binauralen** Schwebung. Dieser Ton wird durch die Zusammenarbeit der beiden Gehirnhälften erzeugt.

Auf diesem Prinzip beruht die von Monroe entwickelte Technik *(Hemi-Sync)*[6]. Man hält an beide Ohren zwei unterschiedliche Geräuschquellen und zwingt so die beiden Gehirnhälften zusammenzuarbeiten. Das Ergebnis dieser Zusammenarbeit ist das Geräusch, das gehört wird. Mit anderen Worten - und so fremd das auch klingen mag: Einige Elemente der mit Kopfhörern gehörten Musik sind auf keiner der beiden Spuren aufgenommen, sondern werden einzig durch das Gehirn hergestellt. Diese Art Musik begünstigt die Harmonisierung zwischen beiden Gehirnhälften (wir haben schon betont, wie wichtig diese Harmonisierung für die Konzentration und die Aufnahme von Informationen ist).

Sherry Edwards entdeckte im Rahmen ihrer Untersuchungen an der Universität von Ohio ein besonderes Phänomen. Wenn die Frequenzen der beiden Tonquellen, die benutzt werden, um eine binaurale Schwebung zu erzeugen, das Vielfache einer bestimmten Zahl betragen, neigen diese Töne dazu, Gehirnwellen zu erzeugen, deren Frequenz auf dem Elektroenzephalogramm genau diese Zahl ist. Diese Zahl nennt man **Anregungsfrequenz**. Wenn wir zum Beispiel zwei Tonquellen mit Frequenzen von 63 Hz bzw. 70 Hz benutzen, die beide ein Vielfaches von 7 sind, dann entsteht nicht nur eine Schwebung von 7 Hz, sondern es werden auch Gehirnwellen im Bereich Alpha oder Theta erzeugt. Wir erinnern uns daran, dass die Alpha- und Thetawellen einen Zustand hoher Rezeptivität und Kreativität kennzeichnen. Die am häufigsten benutzte Anregungsfrequenz ist die von 7,8 Hz, die den Alpha-Wellen entspricht. Sie entspricht auch der mittleren Resonanzfrequenz der Ionosphäre und der Erde. Man nennt diese Frequenz die **Schumann-Resonanz**.

Monroes Technik benutzt nicht nur die Anregungsfrequenz von 7,8 Hz, sondern noch tiefere Frequenzen, die das Gehirn anregen, Wellen bis in die Bereiche Theta und sogar Delta zu erzeugen. Tatsächlich erzeugt die vom Monroe-Institut produzierte Musik gleichzeitig mehrere Anregungsfrequenzen.

Was können wir, nachdem wir einige wissenschaftliche Aspekte der Musik untersucht haben, daraus schließen?

- Die Musik und die Geräusche beeinflussen uns viel stärker, als wir normalerweise wahrnehmen.

- Die Töne mit hohen Frequenzen wirken stimulierend und regenerierend auf den Organismus. Deshalb sollte man Musikinstrumente wie Klavier, Geige, Viola, Flöte, Harfe und Oboe einsetzen, um die Konzentration und die geistigen Fähigkeiten zu wecken.

- Die Musik mit langsamem Rhythmus, das heißt mit einem Tempo largo zwischen 56 und 64 Schlägen pro Minute, verlangsamt den Rhythmus von Herzschlag und Atmung, was sich auf den Körper und die geistige Arbeit positiv auswirkt.

- Bestimmte Musikarten, wie sie das Monroe-Institut produziert, erzwingen die Harmonisierung der beiden Gehirnhälften, indem sie sie zur Zusammenarbeit verleiten und das Gehirn dazu führen, Wellen in den Bereichen Alpha, Theta und sogar Delta zu erzeugen.

Was können wir nun zusätzlich über das Lernen sagen?

Betrachten wir die Untersuchungen von Dr. Lozanov. Ausgehend von den Forschungsergebnissen von Dr. Alfredo Tomatis sowie den oben dargestellten Fakten, stellte er heraus, dass eine bestimmte Art Musik das Gehirn äußerst positiv beeinflusst. Das bedeutet: Die beiden Gehirnhälften harmonisieren besser, die Wellen im Bereich Alpha und Theta werden leichter produziert und sowohl Rezeptivität als auch Konzentration nehmen zu; all dies sind Elemente, die das Lernen erleichtern. Bei dieser Musik handelt es sich hauptsächlich um die Barockmusik, also um die Musik des 17. und frühen 18. Jahrhunderts mit Komponisten wie Vivaldi, Telemann, Corelli, Händel und Bach, ferner um die Musik von Haydn und Mozart sowie um einige Stücke von Schumann, Schubert, Bizet und Beethoven.

Der Grund dafür ist, dass die Barockmusik in rhythmischer und harmonischer Hinsicht fast streng mathematisch ist. Sie entfaltet eine Skala von Frequenzen, Tönen und Rhythmen, die die Gehirnarbeit harmonisieren und innere Ruhe, Aufmerksamkeit und Konzentration herstellen können.

Wie bereits erwähnt, konnte Dr. Lozanov mit dieser Art von Musik hervorragende Lernerfolge verbuchen, er machte es möglich, dass manche Leute eine Sprache innerhalb weniger Wochen, ja sogar nur weniger Tage, erlernten. In diesem Zusammenhang soll ein Auszug seiner Doktorarbeit zitiert werden:

> *„Man kann unterschiedlicher Meinung sein, was die Art der Musik betrifft, die bei der Suggestopädie benutzt wird, und einige Leute könnten versucht sein, bestimmte Stücke auszutauschen oder gar die Art der Musik zu ändern. Die von uns im Unterricht benutzte Musik wurde aber im Labor unseres Instituts experimentell erforscht. Sie erfüllt mehrere Forderungen, nicht nur, was die Informationsaufnahme betrifft, sondern auch als kultureller und psychohygienischer Lernfaktor. Dass manche Lernende die benutzte Musikart nicht mögen, spielt keine Rolle. Die Wirkung der Musik ist unabhängig von ihrem Geschmack. Deshalb empfehlen wir, bevor man die Musik ändert, ihre Wirkung auf das Lernen, ihren psychohygienischen Einfluss und ihre ästhetischen Eigenschaften zu untersuchen; dabei soll festgestellt werden, ob ihre Wirkung positiv und dauerhaft ist und ob sie in einer heiteren und entspannten Atmosphäre zu einer spontanen und kreativen Informationsaufnahme beitragen kann.*

Hier nun einige von der Suggestopädie benutzte Musikstücke:

Haydn, Joseph:

- Symphonie Nr. 67 in F-Dur;
- Symphonie Nr. 69 in C-Dur (Loudon);
- Violinkonzert in C-Dur;
- Violinkonzert in G-Dur;

Vivaldi, Antonio:

- 6 Konzerte für Querflöte und Streichorchester, Opus X;
- Die vier Jahreszeiten;
- Konzert für Flautino und Streichorchester in C-Dur, RV 444;
- Konzert für Oboe und Streichorchester in C-Dur, RV 449;
- Konzert für Viola d'amore und Streichorchester;

Bach, Johann-Sebastian:

- Sinfonia in C-Dur;
- Sinfonia in D-Dur;
- Fantasie in G-Dur;
- Fantasie und Fuge in C-Moll;

Bach, Johann-Christian:

- Cellokonzert in C-Moll;
- Sinfonie in G-Moll, Opus 6, Nr. 6;

Haendel, Georg Friedrich:

- Water Music;
- Concerti grossi Opus 3, Nr., 1, 2, 3, 5;
- Konzert für Orgel und Orchester;

Corelli, Arcangelo:

- Concerti grossi Opus 6, Nr. 3, 5, 8, 9;
- Concerti grossi Opus 4, Nr. 10, 11, 12;

Beethoven, Ludwig van:

- Konzert für Klavier in es-Moll Opus 73;
- Konzert für Violine in D-Dur Opus 61.

Nich alle diese Musikstücke sind in einem Tempo largo geschrieben. Die langsamen werden vor allem bei der Entspannung und den Passivkonzerten benutzt (was genau man unter einem Passivkonzert versteht, werden wir in einem späteren Kapitel klären.)

Unabhängige Forscher, die die Rolle der Barockmusik für die Konzentration und das Lernen untersuchen wollten, führten mehrere andere Experimente durch. So bildeten 1982 Forscher der Universität von Texas zwei Gruppen von Studenten, die sie eine bestimmte Anzahl von neuen Wörtern einer fremden Sprache lehrten. Die Gruppe, die mit Haendels *Water Music* im Hintergrund lernte, erzielte bei weitem die besten Ergebnisse.

Vor kurzem noch, 1993, kam eine Gruppe Forscher von der Irvine-Universität in Kalifornien zu ähnlichen Ergebnissen, als sie Musikstücke von Mozart benutzte. Diese Forscher haben bewiesen, dass auf dem Hintergrund von Mozarts Musik, die zwanzig Minuten lang erklang, Konzentration und Aufmerksamkeit deutlich anstiegen, solange bis ein disharmonischer Ton in die akustische Welt der Studenten eindrang.

Andere Forschungen haben bewiesen, dass der Anteil an vom Gehirn produzierten Beta-Wellen sinkt, wenn man für das beschleunigte Lernen geeignete Barockmusik hört, und dass die Alpha- und Theta-Wellen proportional steigen.

Lozanov selbst bevorzugte Johann Sebastian Bach, der für den perfekten Komponisten gehalten wird und dessen Musik nach Meinung von Fachleuten wie Scott und Aivanhov die intellektuellste ist. Er empfiehlt auch Mozart und Vivaldi und ganz besonders die Stücke für Violine, Streichinstrumente, Flöte und Klavier. In Bezug auf die positiven Wirkungen des gregorianischen Gesangs teilte er außerdem die Meinung von Dr. Alfredo Tomasis.

Ich möchte diesen Überblick über die Musik mit einem Exkurs ins Absonderliche beenden. Wussten Sie, dass die Barockmusik das Pflanzenwachstum in erstaunlichem Maße stimuliert? Dieses Phänomen ist in der Tat mittlerweile gut erforscht und anerkannt.

Dr. T. C. Singh, Leiter der Abteilung für Botanik der Universität von Annamalai in Indien, hat gezeigt, dass die Klänge von Geige und

Zither das Protoplasma bei bestimmten Wasserpflanzen schneller fließen lassen und deren Wachstum beschleunigen. Am Ende seiner wissenschaftlichen Arbeit behauptet er, er habe *zweifelsfrei bewiesen, dass harmonische Tonwellen das Pflanzenwachstum, die Erzeugung von Blumen, Früchten und Samen beeinflussen.*

Andere Forscher haben bewiesen, dass die Ernten um 25% bis 60% steigen, wenn man Lautsprecher in das Feld stellt und Barockmusik quadriphonisch spielen lässt. Ähnliche Ergebnisse wurden mit Hühnern erzielt, die mehr Eier legten und mit Kühen, die mehr Milch gaben.

Peter Belton, Forschungsleiter im kanadischen Landwirtschaftsministerium, hat seinerseits entdeckt, dass Ultraschall die Verbreitung der Motte in Maisfeldern bremst. Er kam zu dem Schluss, dass Ultraschall dadurch wirkt, dass er den Schrei der Fledermaus „imitiert", dem natürlichen Feind der Motten. Er hat auch entdeckt, dass hohe Frequenzen das Wachstum des Mais beschleunigen, die optimale Frequenz dafür sei 5 000 Hz.

Die erstaunlichsten und für uns relevantesten Ergebnisse wurden von einer jungen Studentin der Universität von Denver, Dorothy Retallack, erzielt. Ursprünglich wollte sie nur bestimmte Experimente der Inder und Sowjetrussen über die Wirkung der Musik auf das Pflanzenwachstum wiederholen. Sie ließ Zucchini wachsen und beschallte ein Feld mit klassischer Musik, ein anderes Rockmusik. Die der Barockmusik ausgesetzten Zucchini wuchsen in Richtung Lautsprecher, während die der Rockmusik ausgesetzten in die entgegengesetzte Richtung wuchsen. Die Zucchini, die ganz nah an den Lautsprechern wuchsen, die Barockmusik ausströmten, wickelten sich gern um die Lautsprecher, während diejenigen, die in der Nähe der Rockmusikquellen wuchsen, oft kümmerlich wuchsen und kaum Wurzeln entwickelten... wenn sie überhaupt am Leben blieben! Stellen Sie sich den Einfluß einer solchen Musik auf den menschlichen Körper vor!

Die benutzte Musik stammte von Komponisten wie Bach, Haydn, Beethoven, Brahms und Schubert. Der wirksamste unter ihnen war Bach, der eine Neigung der Pflanzen um 35° verursachte. Zu ihrer großen Überraschung aber war die wirksamste aller Musik diejenige von Ravi Shankar, dem berühmten Zitherspieler. Seine Musik verursachte eine Neigung bis zu 60°.

Die Musik von Steven Halpern, vor allem seine Platte Spectral Suite, soll hier besonders erwähnt werden: Im Laufe empirischer Untersuchungen zeigte sich, dass diese Musik die Konzentration und die Kreativität bei Kindern begünstigt.

Kapitel 7

VISUALISIERUNG UND MENTALE BILDER

Wir haben die Visualisierung im Kapitel über die Entspannung kurz erwähnt und wir werden uns damit auch noch im Kapitel über die Mnemotechnik befassen. Das Thema ist jedoch so breit gefächert und vor allem so wichtig, dass wir uns schon jetzt näher damit beschäftigen. Wir wenden uns also der Visualisierung und den mentalen Bildern zu, da sie ein Mittel gegen Lernhemmungen sind und das ganze in uns schlummernde geistige Potenzial aktivieren können.

Spielen Sie Golf? Hockey? Gitarre? Klavier? Theater? Angeln Sie gern? Oder sind Sie eher dem Turnen zugetan? Mögen Sie Turmspringen? Tanzen Sie?

Nehmen wir zum Beispiel das Golfspiel (was wir über diesen Sport feststellen, gilt auch für jede andere Beschäftigung). Widmen Sie sich diesem Sport, dann möchten Sie wahrscheinlich Ihren Abschlag, Ihre Annäherungsschläge und Ihre Leistung auf dem Grün verbessern. All dies können Sie schaffen, während Sie ganz bequem in Ihrem Wohnzimmer sitzen.

Nehmen Sie sich einige Minuten Zeit, vielleicht sogar einige Stunden, und betrachten Sie die Profispieler, die regelmäßig im Fernsehen zu sehen sind. Suchen Sie sich einen aus, der Ihrem Körperbau entspricht und den Sie mögen. Schauen Sie genau, wie er die Füße stellt, den Schläger hält, welche Startstellung er einnimmt, verfolgen Sie seinen Schwung, seine Drehbewegung, seine Gewichtsverlagerung und das Durchziehen des Schlägers. Beobachten Sie genau, wie seine Füße auf dem Grün stehen, achten Sie auf seine Körperstellung, seine Ausholbewegung, seine Schulterbewegung während des Schlages und wie er mit dem Blick den Ball verfolgt.

Fotografieren Sie jede Einzelheit im Kopf, bis Sie die ganze Bewegung perfekt behalten haben, bis Ihr mentales Kino eine genaue Kopie von dem besitzt, was Sie auf dem Bildschirm sehen. Machen Sie es sich dann in einem Sessel oder auf einem Sofa bequem. Versetzen Sie sich in tiefe Entspannung, das heißt in den Alpha- oder sogar Theta-Modus, und stellen Sie sich vor, Sie sind Ihr Lieblingsspieler. Nehmen Sie Ihren Schläger und stellen Sie sich auf den Abschlag. Stellen Sie Ihre Füße genau in die richtige Position und machen Sie im Kopf seinen Schwung nach, seine ganze Bewegung. Wiederholen Sie die Übung zehn Mal, zwanzig Mal, hundert Mal, fünfhundert Mal... bis Ihr Anfangsschlag absolut perfekt sitzt. Verfahren Sie genauso auf dem Grün. Es besteht nicht der geringste

Zweifel, Sie werden bei Ihrem nächsten Spiel die Früchte Ihres Fleißes ernten!

Jedes mentale Training dieser Art ist genauso fruchtbar, als hätten Sie wirklich trainiert, das heißt auf dem Golfplatz mit dem Schläger in der Hand. Dies gilt auch für jede andere Beschäftigung.

Sylvie Bernier, Goldmedaillengewinnerin im Turmspringen bei den olympischen Spielen von Los Angeles, hatte lange bequem zu Hause sitzend nach dieser Methode trainiert. Die Überlegenheit der Russen in den sechziger Jahren beruhte nicht zuletzt darauf, dass sie die Visualisierung intensiv nutzten.

Wieviel Kriegsgefangene und Soldaten an der Front haben durchgehalten, weil sie sich ständig im Kreise ihrer Familie vorstellten? Was unterschied sie von den anderen, wenn nicht die Benutzung der Visualisierung, mit der sie der Wirklichkeit entflohen, indem sie sich eine eigene Welt im Kopf bildeten.

So ist es auch im Fall jenes Mannes, der lange Jahre in einem Kerker eingesperrt war, kaum größer als eine Kiste, und der während seiner ganzen Gefangenschaft nicht zusammenbrach. Nach dem Krieg erzählte er, dass er „fit“ geblieben sei, weil er jeden Tag im Kopf ein 18-Loch-Golfspiel machte. Fast sechs Stunden tägliche Visualisierung, während der er im Kopf die Sonne sah, frische Luft einatmete, im Freien umherlief... Als er seinen Schläger wieder in die Hand nahm und sein erstes „richtiges“ Spiel spielte, war es, als hätte er nie aufgehört zu spielen.

Wenn man jung ist, hat man oft Angst, allein im Dunkeln zu bleiben. Meistens aber gibt es absolut nichts, das Angst auslösen könnte. Diese Angst ist das Ergebnis einer Furcht, einer Beklommenheit, kurz einer geistigen Vorstellung.

Die angeführten Beispiele sollen Ihnen veranschaulichen, wieviel mehr Einfluss manchmal all das hat, was uns durch den Kopf geht, als das, was in der Wirklichkeit geschieht. La Bruyere, Philosoph aus dem 17. Jahrhundert, schreibt: *„Der Mensch kümmert sich viel mehr um die Meinung, die er von einer Sache hat, als um die Sache an sich.“* Unsere Wahrnehmung der Wirklichkeit ist stärker als die Wirklichkeit selbst.

Wie können wir nun all das eben Gesagte nutzen für das, worum es hier geht, nämlich das Lernen?

Jedesmal, wenn Sie etwas lernen müssen, sich eine neue Sprache aneignen, eine Rede oder eine Prüfung vorbereiten müssen, bilden Sie sich ein, Sie seien in der Situation selbst, stellen Sie sich vor, Sie würden diese Kenntnisse bereits anwenden. Stellen Sie sich zum Beispiel in dem Raum vor, wo Sie Ihre Prüfung ablegen oder ihre Rede halten müssen; Sie sehen, wie Sie überragend die Situation meistern. Bereiten Sie sich auf alles, was Sie machen, durch Visualisierung vor.

Durch die Visualisierung können wir das Geschehen im Voraus erleben und so auf alle Eventualitäten reagieren. Wie wir gesehen haben, kann die mentale Vorbereitung ungefähr genauso viel - wenn nicht mehr - Einfluss haben, als hätten wir das Ereignis schon erlebt.

Bereiten Sie eine Rede vor? Dann sehen Sie in tiefer Entspannung, wie Sie diese selbstsicher und eloquent halten. Stellen Sie sich alle Gesichter vor, die Sie durch Ihre Worte überwältigt ansehen. Sehen Sie, mit welcher Leichtigkeit Sie Ihre Ansichten, Ihren Standpunkt und Ihre Kenntnisse ausbreiten. Lassen Sie sich alle diese Kenntnisse noch einmal durch den Kopf gehen und legen Sie sich selbst diese klar und deutlich dar. Stellen Sie sich ein geistiges Gerüst vor, an dem sich der Ablauf Ihrer Rede orientiert.

Bereiten Sie sich auf eine Anatomieprüfung vor? Steigen Sie an Bord eines winzigen Schiffes, das in den Körper eingespritzt wird – wie in dem Film *The Inner Space* – und beobachten Sie alles, was Sie sehen. Im Bauch zum Beispiel sehen Sie die Bauchspeicheldrüse unterhalb des Brustkorbs, leicht links, gegen den Magen gedrückt. Ihr seitliches Ende liegt auf der linken Niere und auf der Milz. Die linke Niere selbst drückt gegen das Zwerchfell und wird bei jeder Atmung sanft massiert. Rechts vom Magen liegt die Leber, die gegen das Zwerchfell und die rechte Niere drückt, die selbst auch gegen das Zwerchfell drückt. Unterhalb aller dieser Organe befindet sich der Darm usw.

Bereiten Sie sich auf eine Buchhaltungsprüfung vor? Sie kennen wahrscheinlich schon den ganzen Stoff, den Sie beherrschen sollen. Stellen Sie sich also vor, dass Sie für die Buchführung eines großen Unternehmens verantwortlich sind und alle Ihre Kenntnisse wirksam und zweckmäßig einsetzen.

Bereiten Sie sich auf eine Geschichtsklausur vor? Wir haben das Problem schon im Zusammenhang mit den großen Reisen von Jacques Cartier angeschnitten. Stellen Sie sich vor, Sie erleben die historischen Ereignisse in ihrem geographischen, sozialen und zeitlichen Kontext. Da Sie die Umstände kennen, was hätten Sie an Stelle dieser oder jener historischen Figur getan? Auf diese Weise verwandeln Sie Ihren geistigen Bildschirm in einen echten historischen Film oder in ein Buch.

Haben Sie Angst davor, wieder ein Studium anzufangen? In diesem Fall verwenden wir eine andere Form der Visualisierung: die mentalen Bilder. Die Visualisierung ist das Kreieren von neuen Bildern; mentale Bilder hingegen sind Bilder aus der Vergangenheit, die in Erinnerung gerufen werden. Wenn Sie sich zum Beispiel davor scheuen, wieder ein Studium anzufangen oder wenn Sie einfach die Schule nicht mögen, verbinden Sie wahrscheinlich das Lernen mit unangenehmen Erfahrungen, die Sie in der Vergangenheit gemacht haben. Möglicherweise haben Sie diese Erfahrungen sogar vergessen, dennoch wirken sie weiterhin auf Sie ein. Mögen Sie Mathematik nicht? Suchen Sie in Ihrem Gedächtnis nach, ob ein Lehrer Ihnen beispielsweise nicht jeglichen Spaß an Mathematik durch eine verletzende Bemerkung verdorben hat. Zeichnen Sie schlecht? Innerhalb von einer knappen Stunde kann aus Ihnen ein recht guter Zeichner werden. Vermutlich wurde eine Ihrer misslungenen Zeichnungen lächerlich gemacht und Ihre Einstellung - „Ich kann nicht zeichnen“ - ist nur ein Abwehrsystem, um sich vor möglichen Mißerfolgen zu schützen.

Mentale Bilder können benutzt werden, um zweierlei Ziele zu erreichen. Sie ermöglichen erstens, dass man Erfahrungen aus der Vergangenheit in Erinnerung ruft und so auf oft scheinbar belanglose Ereignisse stößt, die dennoch die Ursache mangelnden Selbstvertrauens und zahlreicher Lernbarrieren sind. Zweitens kann man sich durch sie an Lernerfolge erinnern und sich so bewußt werden, dass jeder von uns große Fähigkeiten besitzt, die nur darauf warten, sich frei entfalten zu dürfen.

Sie meinen, Sie haben Lernschwierigkeiten? Sie mögen Mathematik nicht? Französisch? Geschichte? Setzen Sie sich bequem in einen Sessel oder legen Sie sich auf ein Sofa. Versetzen Sie sich in tiefe Entspannung. Konzentrieren Sie sich dann auf das Problem oder auf das Fach, das Ihnen so viele Sorgen bereitet. Betrachten Sie genau das erste Bild, das Ihnen in den Sinn kommt. Konzentrieren Sie Ihre ganze Aufmerksamkeit auf dieses Bild und lassen Sie sich durch Verknüpfungen zu einer Erinnerung führen, die sehr bald für Sie einen ganz bestimmten Sinn annehmen wird. Ihnen als Erwachsenem kann diese Erinnerung völlig bedeutungslos vorkommen, vergessen Sie aber nicht, dass das Kind, das Sie damals waren, davon geprägt wurde. Empfinden Sie diese Erinnerung durch die Sichtweise und das Gemüt eines Kindes. Verstehen Sie nun besser, wieso dieses Ereignis entscheidend war?

Manchmal tauchen keine Bilder auf. Geben Sie nicht auf! Sie können sehr wohl erst in den nächsten Tagen entstehen, wenn Sie am Steuer Ihres Wagens oder in der U-Bahn sitzen, das Essen zubereiten oder im Bett liegen, kurz vorm Einschlafen. Sie müssen sich wirklich darüber im Klaren sein, dass das Bild, das Ihnen ins Gedächtnis kommt, in irgendeiner Weise mit dem Ereignis verknüpft ist, das Ihre innere Sperre verursacht hat. Wenn Sie an Ihr Problem oder an das Fach denken, vor dem Sie Angst haben, sind die auftauchenden Bilder zwangsläufig mit der Quelle Ihrer Sorgen verbunden. Wie schon erwähnt, sind die Ursachen unserer Sperren sehr oft ziemlich belanglose Ereignisse, die aber, da sie durch die Erfahrung oder die Unsicherheit eines Kindes wahrgenommen wurden, eine ungeheuer große Bedeutung erlangt haben.

Haben Sie das traumatische Ereignis in die Erinnerung zurückgerufen und verstanden, worauf Ihre Sperre beruht, versuchen Sie aus Ihrem Gedächtnis, die Erinnerung an einen Lernerfolg zu holen. Es kann vorkommen, dass Sie sich an keinen erinnern. Kennen Sie kein Rezept, das Sie selbst erfunden haben und so lecker schmeckte, dass Sie es bis ins kleinste Detail in Erinnerung behalten haben? Haben Sie nicht Ihren Abschlag beim Golf in Rekordzeit verbessert? Haben Sie nicht bei Ihrem letzten Aufenthalt im Ausland schnell eine ganze Reihe von neuen Wörtern gelernt? Können Sie jenen Film, der Ihnen so gut gefiel, nicht bis ins kleinste Detail nacherzählen? Wie Sie sehen können, ist Lernen viel mehr als das, was man auf der Schulbank tut. Lernen ist eine Tätigkeit, die uns jeden Augenblick unseres Lebens begleitet, und wir alle besitzen große Lernfähigkeiten, sonst könnten wir in einer Welt, die sich stetig wandelt, gar nicht überleben.

Wenden wir uns aber nun wieder den mentalen Bildern zu. Konzentrieren Sie sich auf einen Lernerfolg. Werden Sie sich des ganzen Lernpotenzials bewusst, das in Ihnen schlummert und nur darauf wartet, sich zu entfalten. Lassen Sie sich mit der Zufriedenheit, ja mit Freude erfüllen,

etwas erstaunlich schnell und effizient gelernt zu haben. Behaupten Sie innerlich: „Mein ganzes Lernpotenzial drückt sich frei in Entspannung und Vergnügen aus. Alle meine Lernsperren sind verschwunden; sie haben keinen Platz mehr in mir; mein ganzes Potenzial entfaltet sich.“ Beschließen Sie diese Übung, indem Sie sich vorstellen, wie Sie ein Gebiet meistern, das für Sie bis dahin verbotenes

Terrain war, wie Sie Mathematik, Französisch oder Geschichte freudig lernen, und stellen Sie sich all die positiven Auswirkungen vor, die mit diesen neuen Kenntnissen verbunden sind.

Genauso wie bei der Entspannung können Sie auf Kassette eine Sitzung mit mentalen Bildern aufnehmen, in der Art, wie wir sie soeben beschrieben haben. Lassen Sie den Bildern eine Visualisierung folgen, die Sie zum Erfolg führt.

Vergessen Sie niemals, dass jede intensiv im Kopf erlebte Erfahrung fast genauso viel Einfluss auf Ihre Zukunft hat wie ein wirkliches Ereignis. Die Verknüpfungen, die man manchmal zwischen bestimmten Ereignissen herstellt, verursachen oft viel größeres Übel als die Ereignisse selbst. Umgekehrt hat jede angenehme, durch die Visualisierung intensiv erlebte Erfahrung einen entscheidenden Einfluss auf Ihre Zukunft.

Da wir jetzt verstanden haben, wie wichtig die Visualisierung ist, können wir uns der Mnemotechnik zuwenden.

Kapitel 8

DIE MNEMOTECHNIK

Jetzt wollen wir uns mit einer der entscheidenden Methoden des beschleunigten Lernens befassen: die Mnemotechnik. Durch Harmonisierung der Gehirnhemisphären, Entspannung, Musik und Visualisierung konnten wir einen Zustand großer Rezeptivität erzeugen. Wir haben sozusagen den Boden vorbereitet, um die Samenkörner der Kenntnisse zu empfangen. Nun werden wir untersuchen, wie wir diesen Samen in den fruchtbaren Boden des Gedächtnisses pflanzen können.

Etymologisch gesehen verweist das Wort **Mnemotechnik** auf die griechische Mythologie, in der Mnemosyne, die Tochter des Uranos, Gott des Himmels, die Göttin des Gedächnisses ist. Die Mnemotechnik kann folgendermaßen definiert werden: Sie besteht aus einer Reihe geistiger Bewegungen oder, besser gesagt, aus einer geistigen Gymnastik. Diese ermöglicht, dass man die Informationen aufnimmt, sie sich aneignet und sie dann so abspeichert, dass man freien Zugang zu ihnen haben und sie beliebig verarbeiten kann. Die Mnemotechnik ist also die Kunst, Informationen zu empfangen und sie so im Kopf zu verarbeiten, dass sie langfristig im Gedächtnis festgehalten werden.

Natürlich kann man Informationen auf verschiedene Weise verarbeiten, deshalb besteht auch die Mnemotechnik aus mehreren Einzeltechniken. Ich möchte Ihnen einen Überblick über diese verschiedenen Techniken verschaffen und beginne mit dem wichtigsten Aspekt, denn auf ihm ruht jeder Lern- und Denkprozess: die **Aufmerksamkeit** und die **Konzentration**.

AUFMERKSAMKEIT UND KONZENTRATION

Abgesehen von den Fällen degenerativer Altersschwäche gibt es selten wirkliche Gedächtnisschwächen. Das Problem liegt viel mehr bei der **Aufmerksamkeit** und der Fähigkeit des **Abrufs**. Samuel Johnson sagte es treffend: *Die Kunst des Sicherinnerns ist nichts anderes als die Kunst der Aufmerksamkeit.*

Die Behaltensquote und die Abruffähigkeit stehen in einem direkten proportionalen Verhältnis zur Aufmerksamkeit während der Informationsaufnahme. Zu oft fehlt es uns genau zu dem Zeitpunkt dann an Aufmerksamkeit, wenn die Information dargeboten wird. Wir sind dann nicht ganz bei der Sache, können sie folglich nicht angemessen empfangen und abspeichern. Wir sind es wahrscheinlich aus einer gewissen geistigen Faulheit heraus gewohnt, unseren Geist durch Vergangenheit und Zukunft schweifen zu lassen, durch Realität und Phantasie, Wahrscheinliches und Ungewisses, Zweifel und Ängste; kurz gesagt: Die Gedanken tauchen unaufhörlich in unseren Köpfen auf und lassen kaum Platz für die Informationen, die uns dargeboten werden.

Während einer neunzigminütigen Rede zum Beispiel übersteigt die Zeit absoluter Aufmerksamkeit selten einige Minuten. Selbstverständlich erinnert man sich dann nur an einige Bruchstücke aus der Rede. Es kann sein, dass die Informationen in diesem Zustand gemischter Aufmerksamkeit im Langzeitgedächtnis abgelegt wurden, jedoch ungeordnet und ohne Verknüpfung, wodurch spätere Abrufversuche erschwert werden. Es verhält sich so, als würden wir Papierzettel wild durcheinander in einen Sack werfen, dann ist darin zwar alles vorhanden, man hat aber Mühe etwas zu finden! Wie schon erwähnt: Das Gedächtnisproblem wird zum Abrufproblem.

Dieser Unterschied zwischen Gedächtnis und Abruf ist für jeden offensichtlich, der sich einer Therapie durch Regression unterzogen hat. Wenn Sie unter Hypnose stehen und eine Regression bis in die frühe Kindheit erleben, wird Sie die Anzahl der Erinnerungen überraschen, die in Ihrem Gedächtnis eingesperrt sind. In der Tat wird jeder Augenblick unseres Lebens von dem Gedächtnis aufgenommen, zu dem wir Zugang haben. Wegen mangelnder Aufmerksamkeit der Gegenwart gegenüber bleiben jedoch leider viele dieser

Erinnerungen ohne Verknüpfungen, ohne Vernetzungsstelle, ohne „Etikettierung“, so dass es schwierig ist, sie in das Bewusstsein zu rufen.

Genauso wie bei den okulomotorischen Schwächen, die wir am Anfang des Buches besprochen haben, (für die gilt, dass keine Technik des beschleunigten Lernens hilfreich sein kann, wenn die Augen nicht harmonisch zusammenarbeiten), macht eine Aufmerksamkeits- und Konzentrationsschwäche jede Technik ineffizient, so gut diese auch sein mag.

WIE KANN MAN KONZENTRATION VERBESSERN?

Zur Steigerung der Konzentration gibt es mehrere Techniken, die aber alle auf eine Formel reduziert werden können: Man muss bei der Sache sein.

Erste Technik: das **autogene Training**. Jedes autogene Training erfordert, dass man bei der Sache ist, sonst fängt man an zu träumen und die Übung ist nur noch einfache Erholung. Dies ist an sich sehr gut, jedoch hier nicht unser Ziel. Denn die richtige Anwendung des autogenen Trainings hilft, die Konzentration zu verbessern.

Zweite Technik: die Ereignisse des Tages abrufen. In seinen wunderbaren goldenen Versen schreibt Pythagoras: *„Erlaube nicht, dass der sanfte Schlaf sich in deine Augen schleicht, bevor du nicht jede deiner Handlungen des Tages überprüft hast. Welche Fehler habe ich begangen? Was habe ich getan? Was habe ich unterlassen, von dem was ich tun sollte? Fange mit der ersten an und geh alle durch; wenn du meinst, du hast Fehler begangen, schilt dich; aber wenn du richtig gehandelt hast, freue dich!“*

Sich an alle Handlungen des Tages bis in die kleinsten Einzelheiten zu erinnern ist nicht nur ein gesundes Mittel der Selbstbeobachtung, sondern auch eine wirksame Methode, um die Konzentration und das Gedächtnis zu verbessern. Sri Aurobindos verehrte Mitarbeiterin, „die Mutter“ genannt, empfahl den Abruf des gesamten Tagesgeschehens als tägliche Vorbereitungsübung zur Meditation.

Drittens: Die **mentalen Spiele**. Jerry Lucas, der seinem phantastischen Gedächtnis zahlreiche Fernsehauftritte verdankt, in denen er innerhalb weniger Minuten die Namen und Gesichter von Hunderten von Leuten abspeicherte, beschreibt uns folgendermaßen, wie er diese Fähigkeit entwickelt hat:

> *„Als ich klein war, war mein Kopf immer beschäftigt. Ich kann mich an keine Zeit erinnern, wo ich nicht an irgendwas dachte, mit irgendjemandem sprach oder irgendein selbst erfundenes mentales Spiel spielte.*
>
> *[...] Während der langen Autofahrten handelte ich mir nur ein ‚Bleib doch ruhig!' von meinen Eltern ein, wenn ich mit den Füßen trappelte und mich ständig hin und her bewegte. Ich erinnere mich, dass ich eines Tages nach einer solchen Anweisung ein Schild von SHELL gesehen und mir gedacht habe: ‚Was würde herauskommen, wenn ich die Buchstaben von SHELL alphabetisch ordnen würde?' Ich verschob die Buchstaben im Kopf und es kam ‚EHLLS' heraus. Seitdem spiele ich ständig dieses Spiel."*

So wurde innerhalb weniger Sekunden in seinem Kopf „Nabuchodonosor“ zu „Abcdhnnoooosru“, „Haus zu verkaufen“ zu „Aaeefhknrsuuuvz“ und „Parkverbot“ zu „Abekoprrtv“! Es versteht sich von selbst, dass man hoch konzentriert sein muss, um dieses Spiel zu spielen. Jeder kann sein eigenes Training danach frei gestalten.

Viertens, das Yoga. Als außergewöhnlich gute Methode, um die Konzentrationsfähigkeit zu verbessern, ist das Yoga allgemein anerkannt. Besonders die Baumstellung ist hilfreich, um die Konzentration und die Aufmerksamkeit zu erhöhen. Man muß - wenigstens am Anfang - wachsam und äußerst konzentriert bei der Sache sein, um nicht aus dem Gleichgewicht zu geraten. Machen Sie die Übung barfuß und verharren Sie so lange wie möglich in dieser Stellung.

Sollten Sie für diese Art Übung begabt sein, können Sie sich vor Ihren Fernseher stellen und sich in der Baumstellung Ihre Lieblingssendung anschauen! Auch einige Geschicklichkeitsspiele wie der *Wobbler* erfordern Konzentration. Bei diesem Spiel führt man einen Ball durch ein Labyrinth , auf dem man im Gleichgewicht steht. Es verlangt einerseits eine genaue Arbeit der Feinmuskulatur, die für das nötige Gleichgewicht sorgt, andererseits eine hohe Konzentration.

Eine ganze Reihe von Geschicklichkeitsspielen erfordert nicht nur die Aufmerksamkeit, sondern erheitert Jung und Alt. Einige dieser Spiele leiten zusätzlich beide Gehirnhemisphären zu einer harmonischen Zusammenarbeit an.

Zuletzt sei die Meditation erwähnt (ob passive Kontrolle der Atmung oder ständige Wiederholung von Mantras wie die Formel *OM*), die auch Aufmerksamkeit und Konzentration begünstigt.

Da wir nun geübt genug sind, um unsere Konzentration auf einem hohen Niveau zu halten, können wir die verschiedenen Techniken der Mnemotechnik untersuchen.

DAS DREIGETEILTE ODER TRINÄRE GEHIRN

Anatomisch und physiologisch gesehen kann das Gehirn in drei große Teile unterteilt werden: das Stammhirn, das limbische System (Zwischenhirn) und den Neokortex (Großhirn).

Das Stammhirn besteht aus einer Reihe von Kernen und aus Nervenstrukturen, die die sogenannten neurovegetativen Funktionen koordinieren, das heißt Funktionen wie Temperatur-, Herzrhythmus- und Atemrhythmusregulierung sowie Bewegungsregulierung des Verdauungstrakts usw., die das Fortleben des Organismus ermöglichen.

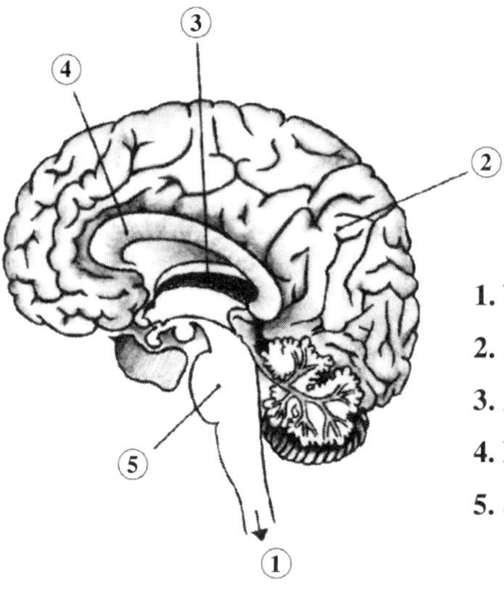

1. Wirbelsäule

2. Kortex

3. Limbisches System

4. Balken (Corpus callosum)

5. Stammhirn

Das limbische System ist das Gehirn der Emotionen. Der Hippocampus - eine besondere Struktur des limbischen Systems - beteiligt sich auch an der Aufnahme neuer Kenntnisse. Eine Person, der man zum Beispiel beide Hippocampi chirurgisch entfernt hätte, könnte nichts Neues lernen. Dies ist der Fall bei Patienten, die sich einer bilateralen Hippokampektomie unterzogen haben, um eine schwere Epilepsie zu kurieren.

Und schließlich gibt es den Neokortex oder die Großhirnrinde, die oberste Schicht, die aus zahlreichen Windungen besteht und in der die sogenannten höheren Hirnleistungen stattfinden. Die Anzahl und die Ausprägung dieser zahlreichen Windungen unterscheiden neurologisch gesehen den Menschen vom Tier.

Folglich ist das Gehirn so organisiert, dass jede Nervenleitung, die aus der Peripherie, das heißt aus den Tast-, Seh- und Hörsinnen kommt, zwangsläufig über das Stammhirn, genauer über das Formatio reticulare (retikuläres System) genannte Hirnzentrum und über das limbische System geleitet wird, bevor sie den Neokortex erreicht, wo die intellektuellen Leistungen wahrscheinlich erbracht werden.

Eine Zeit lang wurde das retikuläre System als Sitz des Bewusstseins betrachtet. In der Tat ist es aber eher der Sitz der Sinneswahrnehmung.

Das retikuläre System funktioniert etwa wie ein Filter oder ein Gatter, das nur die relevanten, bedeutungsvollen oder interessanten Nachrichten durchlässt. Bevor Sie das Folgende gelesen haben, waren Ihnen die Empfindungen Ihres rechten Fußes in Ihrem Schuh wahrscheinlich nicht bewusst. Jetzt wo das Interesse dafür geweckt wurde oder zumindest wo die von Ihrem Fuß kommenden Informationen vorübergehend bedeutungsvoll sind, ist Ihnen dies vollkommen bewusst. Das retikuläre System bestimmt, ob eine Nachricht zum Neokortex weitergeleitet wird oder nicht und folglich, ob sie in das Bewusstsein dringt oder nicht.

Wenn Sie schlafen, kann zum Beispiel ein Zug mit hoher Geschwindigkeit nur einige Hundert Meter von Ihrer Wohnung vorbeirasen, ohne dass Sie geweckt werden, hingegen kann Sie das leise Geräusch der Türklinke, die von einem Eindringling gedrückt wird, aus dem Schlaf hochfahren lassen.

Zweites Beispiel: Suchen Sie einen Namen im Telefonbuch oder ein bestimmtes Wort in einem Buch, schweift Ihr Blick über Hunderte von Namen und Wörtern, hält aber erst bei demjenigen an, den Sie suchen. Das retikuläre System filtert die empfangenen Informationen und hält diejenige fest, die aus irgendeinem Grund relevant scheint.

Alles, was wir bis jetzt gesagt haben, bedeutet praktisch, dass jede Information unter einem bestimmten Aspekt interessant sein und vorzugsweise einen emotionalen Inhalt vermitteln muss, um den Neokortex zu erreichen und bewusst aufgenommen zu werden.

Um das Lernen zu erleichtern, ist es also wichtig, dass jede Information interessant gestaltet und mit einer emotionalen Konnotation verbunden wird.

Konkret bedeutet dies, dass Sie, jedes Mal, wenn Sie einen bestimmten Stoff - eine Sprache oder irgendetwas anderes - lernen müssen, erst eine Pause machen und sich darüber bewusst werden müssen, was das Lernen Ihnen bringen wird. Sie müssen sich genau vorstellen, inwiefern dieser Lernerfolg Sie weiterbringen wird.

Wenn Sie sich zum Beispiel in Buchführung fortbilden, sich aber dabei zu Tode langweilen, behalten Sie genau im Kopf, welche Vorteile Sie erlangen, wenn Sie diese Fortbildung mit guten Ergebnissen abschließen: die Lohnerhöhung, dank derer Sie die so lange ersehnte Reise unternehmen, einen neuen Wagen kaufen, den Traum von einem Wochenendhaus auf dem Land verwirklichen oder die Beförderung, durch die Sie endlich den Posten bekommen werden, den Sie sich schon so lange erhoffen.

Studieren Sie und haben Sie dabei kein Interesse an bestimmten Pflichtfächern, stellen Sie sich vor, wie diese Fächer oder die erworbenen Kenntnisse Ihnen im Alltag oder bei der Realisierung irgendeines Projekts nützlich sein könnten. Für Sie ist zum Beispiel die

Geschichte Quebecs[7] nur langweilig, aber dennoch Pflichtfach. Nehmen Sie sich einen oder zwei Tage Zeit und besuchen Sie die Stadt Quebec und die Überreste der Kolonialzeit. Besuchen Sie die Stelle, wo Champlain gelandet ist, wo er sein erstes Quartier aufgeschlagen hat, wo Hébert das erste Feld bestellt hat, wo der Verwalter Talon sein Haus bauen ließ, wo Lévis kämpfte und Quebec von den Engländern zurückeroberte usw. Führen Sie sich vor Augen, was die ersten Ankömmlinge gesehen haben, als sie die Île d'Orléans umsegelten und dem Cap Diamant gegenüberstanden. Stellen Sie sich das Leben dieser ersten Siedler vor. Sie hatten keinen Strom, keine Straßen, kein gerodetes Land, keine Wasserleitungen, nichts. Üben Sie sich in diesem Spiel und Sie werden manchmal zu Ihrer eigenen Überraschung ein tiefes Interesse für Sachen entwickeln, die Ihnen bis dahin vollkommen gleichgültig waren.

Mögen Sie Mathematik wirklich nicht? Denken Sie nur an Ihre nächste Steuererklärung und fangen Sie mit dem Rechnen an, um Ihr Einkommen zu optimieren. Oder stellen Sie sich vor, wie Sie dank der Mathematik zum Beispiel die Statistiken Ihrer Lieblingshockeyspieler besser ermitteln können. Sind Sie jung, aber arbeitslos, und träumen davon, ein Unternehmen zu gründen? Entwerfen Sie einen detaillierten Wirtschaftsplan, in dem Sie Ihre Kosten und Ihr Einkommen für die nächsten fünf Jahre schätzen. Benutzen Sie die Marketingstatistiken und bedenken Sie den Einfluss der zukünftigen Staatshaushalte usw.

Ich kann mich erinnern, dass ich am Ende meines Grundstudiums Lehrveranstaltungen über Kunstgeschichte beiwohnen musste, die mich langweilten, ja mich sogar ärgerten. Ich wollte eigentlich nur der Bildung wegen etwas über Malerei erfahren und bereute dies nun zutiefst. Bis zur Semestermitte langweilte ich mich in diesen Stunden, in denen ich mich zwingen musste, Dinge zu lernen, die mir damals bar jeglichen Interesses schienen. Dann ließ ich mich von einem Freund während eines Kongresses über Neurowissenschaften in Washington überreden, einige Stunden im Museum totzuschlagen. Zu meiner großen Überraschung verbrachte ich dort die schönsten Stunden meines Aufenthaltes. Die Bilder von Rembrandt, Renoir, Rubens, da Vinci, alles war ganz anders als die Aufnahmen in unseren Büchern. Ich war restlos begeistert. Seitdem habe ich eine richtige Leidenschaft für die Renaissance und den Impressionismus entwickelt. Nach meiner Rückkehr wartete ich jede Woche ungeduldig auf meine Stunde Kunstgeschichte. Ich brauche nicht zu sagen, dass sich meine Leistungen deutlich verbessert haben. Ebenso verhielt es sich mit der Dichtung, der Archäologie und der Geschichte.

DAS ASSOZIATIVE GEDÄCHTNIS

Ein anderes Charakteristikum des Nervensystems ist höchst bemerkenswert. Neurophysiologisch gesehen funktioniert das Gehirn wie ein Vergleichsapparat. Es ist nicht besonders „kompetent", wenn es darum geht, die Umgebung absolut zu beurteilen. Es kann alles - Entfernungen, Farben, Töne, Beschaffenheit von Gegenständen - nur im Vergleich zu einem zweiten Objekt bewerten. Betrachten Sie die folgende Figur. Die beiden Rechtecke bestehen aus grauen Quadraten. Welches Rechteck ist dunkler? Das linke scheint deutlich dunkler wegen der schwarzen Linien um die Quadrate.

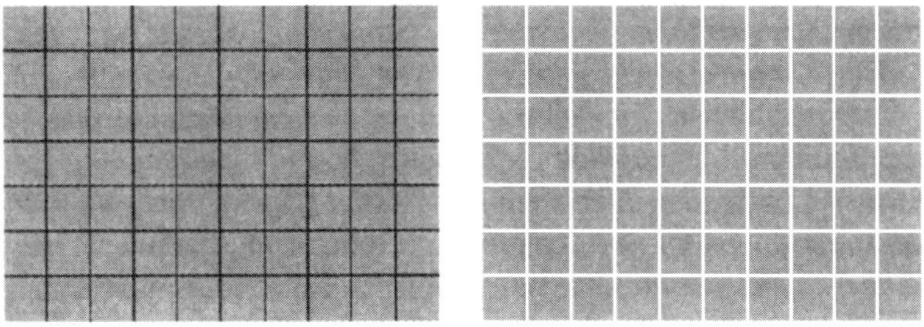

Wie Sie aber wahrscheinlich bereits richtig vermuten, ist die Punktdichte bei beiden Rechtecken identisch und das Grau folglich ebenfalls. Überzeugen Sie sich, indem Sie nun separat diese zwei einzelnen Quadrate aus beiden Rechtecken betrachten.

Betrachten Sie jetzt die Linien A und B. Welche ist länger?

Sie vermuten es wieder: Beide Linien sind gleich lang. Dennoch scheint die Linie A länger zu sein.

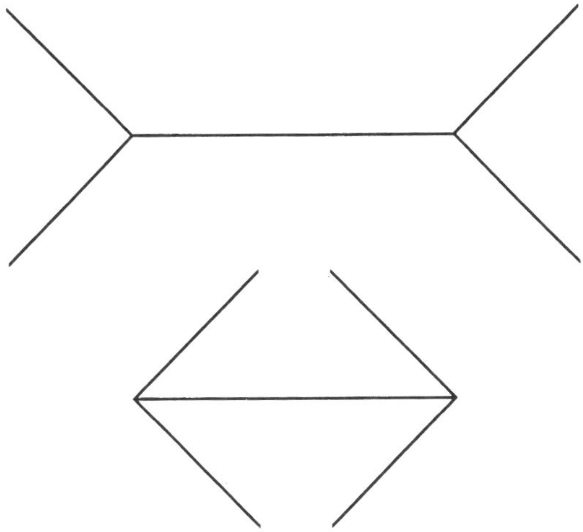

A

B

Wenn Sie das Glück gehabt haben, in die französischen Alpen oder die Rocky Mountains zu fahren, haben Sie wahrscheinlich festgestellt, wie schwierig es ist, Entfernungen zu schätzen. Sie meinen, ein Berg wäre zwei Tage Fußmarsch entfernt, und Sie erreichen ihn innerhalb von zwei Stunden, hingegen meinen Sie ein anderer sei ganz nah, der oftmals viel weiter entfernt ist. Bei solchen Entfernungen und solchen Größenordnungen verliert das Gehirn alle seine Orientierungspunkte und ist dann unfähig seine Umgebung zuverlässig einzuschätzen.

Sie werden sicherlich einwenden: Was hat all dies mit Lernen zu tun?

Um eine neue Information gut zu behalten und sie beliebig abrufen zu können, muss sie bei der Aufnahme mit etwas Bekanntem verbunden werden. Eine neue Information erscheint nur dann sinnvoll, wenn unser Gehirn sie mit vorhandenem Wissen assoziieren kann. Unsere bereits erworbenen Kenntnisse müssen als Anknüpfungspunkte fungieren, die Aufnahme und Festigung der neuen Information ermöglichen.

Während Sie ein Buch lesen, einer Unterrichtsstunde oder einer Rede beiwohnen, ist es wichtig, dass Sie der Information immer aktiv gegenüber stehen. Aktiv sein bedeutet, die Information nicht einfach zu empfangen, sondern ständig Verbindungen zwischen den unbekannten Inhalten und dem bereits Vertrauten, unseren persönlichen Erfahrungen, unseren Erlebnissen herzustellen. Wir müssen diese neuen Erwerbungen immer im Licht unseres Alltags, unserer speziellen Interessen und unseres allgemeinen Wissens beleuchten.

Nehmen Sie sich vor jeder Unterrichtsstunde, jeder Vorlesung, jedem Vortrag einige Minuten Zeit und prüfen Sie Ihre Kenntnisse über das anstehende Thema. Zudem werden Sie feststellen, dass Ihnen ein Buch sehr oft nur wenig Neues vermittelt, dass Sie das meiste schon wissen. Wenn Sie sich vorher dieser inneren Prüfung unterziehen, können Sie Ihre geistigen Kräfte auf die neuen Fakten konzentrieren und haben so nicht mehr den Eindruck, Sie ersticken unter der Lehrstoffmenge.

DIE VISUALISIERUNG

Wir haben die Visualisierung schon als geeignetes Mittel kennengelernt, gewisse Lernblockaden zu beseitigen und sich psychisch auf eine Prüfung, eine Rede oder ein Vorstellungsgespräch vorzubereiten. Die Visualisierung ist aber auch ein wirksames Mittel, um das assoziative Gedächtnis zu wecken und mit der Information interaktiv zu arbeiten.

Im Rahmen einer von Psychologen durchgeführten Untersuchung lernten vier Gruppen Studenten eine neue Sprache unter folgenden Bedingungen. Die **erste** Gruppe musste die Vokabeln lernen, indem sie diese im Kopf wiederholte. Die **zweite** Gruppe musste Sätze laut vorlesen, die diese Vokabeln enthielten. Die **dritte** Gruppe musste eigene Sätze bilden und sie laut vorlesen. Die **vierte** Gruppe musste Bilder visualisieren, in denen die Wörter aktiv vorkamen.

Jede Gruppe zeigte eine bessere Behaltensquote als die vorherige; die vierte erzielte die besten Ergebnisse.

Machen Sie folgenden Test: Prägen Sie sich folgende Wortpaare ein bis zwei Minuten lang ein. Dabei können Sie diese laut oder im Kopf lesen:

1.	Stein	Schaukel	**11.**	Rasen	Stift
2.	Löffel	Erbse	**12.**	Fahrrad	Hund
3.	Rettich	Baum	**13.**	Licht	Politik
4.	Maus	Flugzeug	**14.**	Einband	Benzin
5.	Blatt	Teppich	**15.**	Reise	Murmeltier
6.	Wagen	Wolke	**16.**	Glas	Zelt
7.	Buch	Farbe	**17.**	Banane	Schuh
8.	Stuhl	Birne	**18.**	Riesig	Zaun
9.	Haar	Teller	**19.**	Garage	Puppe
10.	Fenster	Katze	**20.**	Tal	Kiste

Decken Sie die rechte Spalte zu und versuchen Sie, sich an die Wörter zu erinnern, die mit den links stehenden verbunden sind.

Die Visualisierung als mnemotechnisches Mittel besteht darin, jede neue Information mit einem Bild zu verbinden.

Betrachten Sie wieder die Liste mit den Wortpaaren, prägen Sie sich diese ein, indem Sie sich mentale Bilder vorstellen. Die Wörter „Stein„ und „Schaukel“ können zum Beispiel verknüpft werden, indem Sie sich einen lebendigen Stein vorstellen, der auf einer Schaukel sitzt und vor Ihnen hin und her schaukelt.

Je verrückter, schräger und übertriebener die Bilder sind und je aktiver Sie sich in Bilder einbringen - kinästhesischer Aspekt - desto fester wird die Information in Ihrem Gedächtnis verankert.

Nehmen Sie die Liste wieder in die Hand und versuchen Sie diesmal, die Wörter durch verrückte, übertriebene oder ungewöhnliche Bilder miteinander zu verbinden. Bedecken Sie erneut die rechte Spalte und versuchen Sie, sich an die Wörter zu erinnern, die mit den links stehenden verbunden sind. Ist Ihre Behaltensquote besser? Wahrscheinlich.

Wenn Sie sich etwas einprägen müssen, ob mathematische Formeln, historische Daten, Definitionen, Vokabeln aus dem Deutschen oder aus einer anderen Sprache, egal was Sie lernen müssen, benutzen Sie immer die Visualisierung und verbinden Sie jede Information mit einem mentalen Bild. So verbessern Sie in starkem Maße Ihr Gedächtnis.

Ein ähnliches mnemotechnisches Mittel besteht darin, Wortspiele zu machen. Hier gilt ebenfalls, dass das Sicherinnern um so leichter fällt, je lustiger und ungewöhnlicher diese sind. Das Wortpaar „Rettich-Baum“ zum Beispiel kann zu „dann rett' ich den Baum“ werden; Sie stellen sich vor, wie ein Baum die Straße überquert und Sie ihn vor einem rasenden Lastwagen retten. Das Wortpaar „Fahrrad-Hund“ kann zu „Fahr Rad, Hund!“, „Reise“ und „Murmeltier“ zu „Reise, Murmeltier!“ werden; Sie malen sich aus, wie Sie auf dem Bürgersteig stehen und sich vor Ihnen ein Hund abstrampelt bzw. ein Murmeltier mit Rucksack zu einer längeren Wanderschaft aufbricht usw. Diese geistigen Spiele erfordern zuerst einige Anstrengung, dafür lohnt aber die Auswirkung auf das Behalten die Mühe.

DAS 8 ± 2-GESETZ

Das 8 ± 2-Gesetz spielt auf die Tatsache an, dass das Kurzzeitgedächtnis nur 8 ± 2 Einheiten auf einmal aufnehmen kann. Um diesen Grundsatz zu veranschaulichen, können wir einen kleinen Test machen. Prägen Sie sich neunzig Sekunden lang folgende Wortliste ein:

1.	Hammer	**11.**	Edelnelke
2.	Flöte	**12.**	Klavier
3.	Adler	**13.**	Maus
4.	Zange	**14.**	Schweden
5.	Brasilien	**15.**	Zinnie
6.	Laute	**16.**	Geige
7.	Iris	**17.**	Tiger
8.	Frankreich	**18.**	Nicaragua
9.	Schwein	**19.**	Lilie
10.	Bohrer	**20.**	Schraubstock

Klappen Sie das Buch zu und schreiben Sie auf einen Zettel so viele Wörter wie möglich, an die Sie sich erinnern. Wieviel haben Sie behalten?

Machen Sie jetzt denselben Test mit denselben Wörtern, diesmal aber wie folgt geordnet:

Tiere	**Länder**	**Blumen**
Schwein	Brasilien	Zinnie
Tiger	Schweden	Iris
Maus	Nicaragua	Edelnelke
Adler	Frankreich	Lilie

Musikinstrumente	**Werkzeuge**
Flöte	Zange
Laute	Bohrer
Klavier	Hammer
Geige	Schraubstock

Klappen Sie das Buch zu und schreiben Sie alle Wörter, an die sie sich erinnern, auf einen Zettel. Sicherlich haben Sie mehr behalten als beim ersten Mal und noch weitaus mehr, wenn Sie Wortspiele gemacht oder visualisiert haben.

Bei der Gruppe der Tiere zum Beispiel ergeben die jeweiligen ersten Buchstaben STMA, das man auch StMA (Städtische Müllabfuhr) lesen könnte. Stellen Sie sich einen Zoo neben einer Müllhalde vor, und innerhalb einiger Sekunden haben Sie sich die vier Wörter eingeprägt. Bei den Blumen bilden die ersten Buchstaben das Wort ZIEL. Malen Sie sich aus, wie Sie bei einem Wettrennen als Erster die Zielgerade erreichen und Ihnen ein Blumenstrauß überreicht wird. Für die Länder können Sie sich eine Weltkarte vorstellen und die jeweiligen Länder aufleuchten lassen usw.

Der Grundgedanke ist, dass man den Lernstoff thematisch gruppiert, dann in Unterthemen unterteilt und so eine Art Organigramm bildet, bei dem jede Zelle nicht viel mehr als 8 ± 2 Einheiten beinhaltet. So können Sie die Anzahl der Einheiten vervielfachen, die Sie sich einprägen können.

Übrigens, wenn ein Lehrer die Gewohnheit hat, konfus zu reden und von einem Thema zum nächsten zu springen, können Sie am Unterrichtsende den Stoff zusammenfassen und ihn ordnen.

Dann werden Sie feststellen, und es grenzt fast an ein Wunder, dass das, was vorher unklar war, plötzlich einleuchtet. Sie werden besser behalten und verstehen können.

DER GESAMTKONTEXT

Wir haben vorher gesehen, wie wichtig es ist, die bereits erworbenen Kenntnisse auf einem bestimmten Gebiet im Kopf zu wiederholen, so dass man die neuen Informationen mit etwas Bekanntem verbinden kann. Auf diese Art und Weise kann man auch ein Basisnetz erstellen, in das die neuen Kenntnisse eingeflochten werden.

Sehr oft werden uns neue Informationen während einer Unterrichtsstunde oder beim Lesen eines Buches geradezu an den Kopf geworfen, ohne dass wir wissen, warum wir uns damit befassen sollen. Auf welche Vorkenntnisse können wir zurückgreifen? Warum ist es interessant und wichtig, diese Informationen aufzunehmen? Was werden wir mit diesen Kenntnissen anfangen können oder welche Möglichkeiten eröffnen sie uns? Welche Schlussfolgerungen können wir aus ihnen ziehen? In welchen Gesamtkontext fügen sie sich ein? Usw., usf.

Beschäftigen Sie sich zum Beispiel mit der Geschichte von Napoléon Bonaparte, werden Sie diese besser behalten und verstehen, wenn Sie zunächst den historischen, sozialen und politischen Kontext vor und nach seiner Machtergreifung definieren; wenn Sie feststellen, welche Aspekte seines Lebens Sie besonders untersuchen müssen und vor allem, welches Hauptthema Ihre Untersuchung haben soll: die Kriegstechnik, die Psychologie einer großen Leitfigur, das Ende der Monarchie und der Beginn der Republik?

Stellen Sie im Kopf oder schriftlich ein Gesamtnetz her, in das die neuen Kenntnisse aufgenommen und integriert werden.

SPIELEN SIE DEN LEHRER

Jane Healys Untersuchungen haben bewiesen, dass die innere Sprache die Aufnahme neuer Kenntnisse und sogar die Entwicklung der Intelligenz besonders begünstigt. Deshalb können wir auch sagen, dass das Spielen mit einer Information im Kopf ihre erfolgreiche Aufnahme garantiert.

Die Forschungen von Antoine de la Garanderie in Frankreich führten zu gleichen Ergebnissen. Er untersuchte begabte Kinder und stellte fest, dass sie fast alle eine Gemeinsamkeit besitzen: Diese Kindern finden ein spontanes Vergnügen daran, sich das, was sie im Laufe des Tages gelernt haben, mit eigenen Worten zu wiederholen. Sie tun so, als erteilten sie sich selbst einen Unterricht oder hielten einen Vortrag. Jemand hat gesagt: „Begreift man gut, so spricht man klar, das Wort im Munde liegt so leicht und wahr."

Die kognitive Psychologie hat schon lange bewiesen, dass wir ungefähr 40% des Gehörten behalten, 50% des Gesehenen, 70% des Gehörten und Gesehenen und 90% des Gelehrten. Haben Sie schon gemerkt, dass die Klassenbesten oft diejenigen sind, die ihren Mitschülern alles erklären. Tun sie es, weil sie Klassenbeste sind oder sind sie Klassenbeste, weil sie die Gewohnheit haben, ihren Mitschülern alles zu erklären?

Wollen wir lehren oder mit eigenen Worten das Gelernte wiederholen, müssen wir den Stoff gut verstehen, sonst stolpern wir über Missverständnisse. Deshalb ist es ein ausgezeichnetes mnemotechnisches Mittel, sich selbst Vorträge über den Lernstoff zu halten oder jemanden zu finden, dem wir mit eigenen Worten wiederholen, was wir gelernt haben, oder ein Buch oder einen einfachen Artikel über das Thema zu schreiben. Kinder ihrerseits können mit großem Gewinn ein Tagebuch führen, in dem sie all das kurz zusammenfassen, was sie im Laufe eines Tages in der Schule gelernt haben. Dabei werden sie nicht nur lernen, die erworbenen Kenntnisse in eigene Worte zu fassen, sondern auch synthetisches Denken entwickeln.

DIE BEHALTENSKURVE

Dies ist ein einfacher, aber oft vernachlässigter Aspekt. Eine typische Behaltenskurve zeigt, dass nach einigen Monaten ohne Wiederholung die Behaltensquote ungefähr bei 20% liegt. Hingegen nähert sie sich nach sechs Monaten 90%, wenn man das Gelernte am nächsten Tag, dann nach einer Woche und dann nach einem Monat wiederholt, selbst wenn man sich für die Wiederholungen jeweils nur wenige Minuten Zeit nimmt.

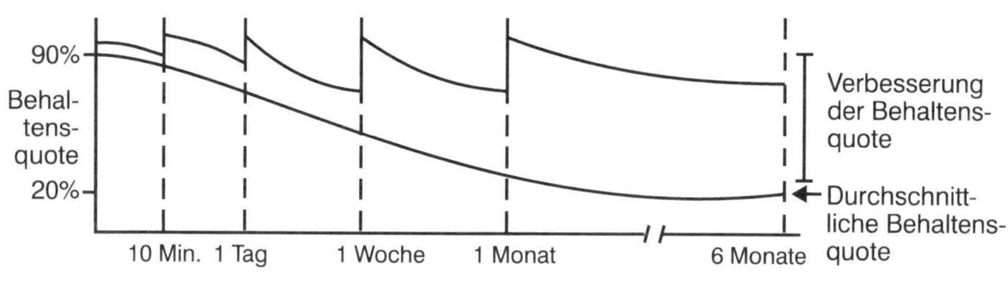

Dies bedeutet konkret, dass Sie sich immer nach jeder Unterrichtsstunde, nach jedem Vortrag oder jedem Buch einige Minuten Zeit nehmen sollten, um die entsprechenden Kenntnisse und Begriffe zu wiederholen und gut zu begreifen. Wenn alles ins Gedächtnis gelangt und gut verstanden ist, schlafen Sie über diese neuen Kenntnisse. Nehmen Sie sich am nächsten Tag einige Minuten Zeit und leisten Sie die gleiche Wiederholungsarbeit. Wiederholen Sie diesen Vorgang nach einer Woche und dann nach einem Monat. Notieren Sie notfalls die Wiederholungstermine für die nächsten Tage und Wochen in ihrem Terminkalender und halten Sie sich daran. Sie werden feststellen, wie schnell sich Ihr Gedächtnis verbessert!

Denken Sie immer daran: Das Gedächtnis ist für das Gehirn, was die Kraft für die Muskeln ist. Ein außergewöhnliches Gedächtnis ist selten angeboren. Genauso wie die Muskelkraft muss es methodisch trainiert werden.

ZUERST-EFFEKT UND ZULETZT-EFFEKT

Dieses Prinzip ist sehr einfach. Während einer Unterrichts- oder Arbeitsstunde oder während eines Vortrags behalten wir eher das, was am Anfang und am Ende der Sitzung thematisiert wurde.

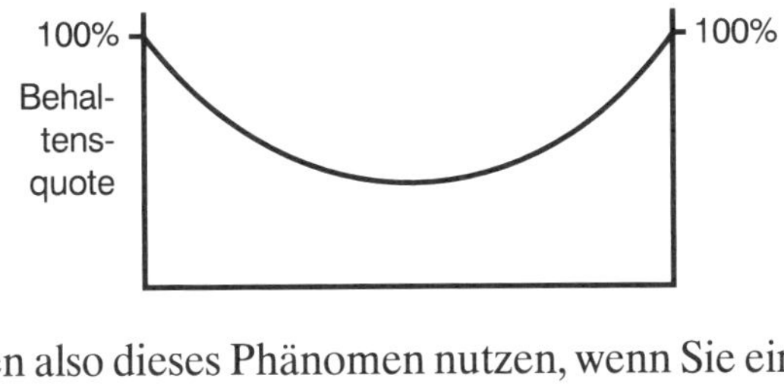

Sie können also dieses Phänomen nutzen, wenn Sie eine Arbeitssitzung in zwei oder drei durch kurze Pausen unterbrochene Minisitzungen unterteilen. Dann ergibt sich eine ganz andere Kurve.

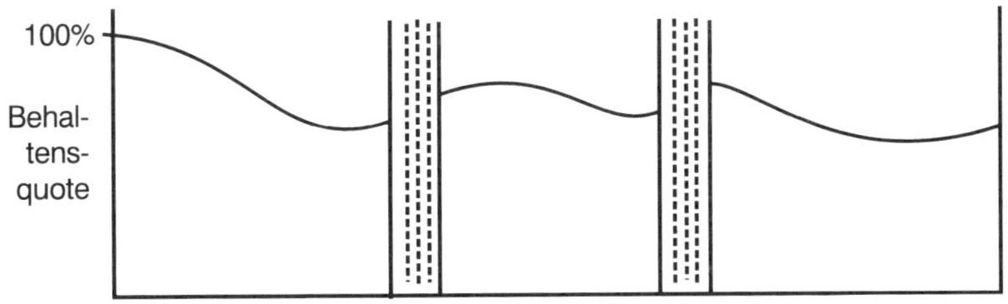

Zwei Sitzungen von jeweils zwanzig Minuten reichen dann zum Beispiel aus, um den Stoff einer einzigen Sitzung von sechzig Minuten zu behandeln. Dies erleichtert das Lernen und das Lesen, macht es wirksamer und verbessert auch das Gedächtnis.

DIE KLAMMERWÖRTER

Kommen wir nun zu den Klammerwörtern. Diese stellen eine interessante Technik für diejenigen dar, die Zahlen behalten müssen, wie Daten, Telefonnummern oder Preislisten. Das Prinzip der Klammerwörter beruht auf der Verbindung von Zahlen und Buchstaben.

Welcher der beiden folgenden Ausdrücke können Sie sich zum Beispiel besser merken:

„510253442292125222953192121“ oder „Stellen Sie immer Ihre neuen Kenntnisse in einen Gesamtkontext“?

Der eine ist die numerische Entsprechung des anderen.

Unsere Sprache besteht aus zahlreichen Phonemen, die wir in Verbindung zu den verschiedenen Konsonanten bringen können, die Vokale betrachten wir in dem Fall als nebensächlich.

Wenn wir zum Beispiel im folgenden Satz die Vokale herausnehmen, können Sie ihn trotzdem verstehen: „Ds Gdchtns st w n Mskl, lls ws mn brcht, st Trnng“;

er lässt sich so übersetzen:

Das Gedächtnis ist wie ein Muskel, alles was man braucht, ist Training.

Einige Sprachen wie Arabisch oder Hebräisch kennen übrigens keine Vokale; die Wortbedeutung wird vom Sinn und vom Kontext des Satzes bestimmt. „Rd“ kann beispielsweise, je nach Kontext, genauso gut „Rad“ bedeuten wie „Ried“.

Diese Konsonanten können mit den Ziffern 0 bis 9 verbunden werden und jede Ziffer kann einem oder mehreren Phonemen entsprechen, mit denen wir dann Wörter zusammenstellen können, die leichter zu behalten sind als die Zahlen selbst. Nun gebe ich Ihnen eine Tabelle mit den verschiedenen Entsprechungen und der Gebrauchsanweisung:

Zahl	Phonem	Mnemotechnische Hilfe
1	t, d	„t“ und „d“ haben einen senkrechten Strich.
2	n, v, x	„n“, „v“ und „x“ bestehen aus zwei Strichen.
3	m, w	„m“ hat drei Beine und „w“ drei Spitzen.
4	q, r	Ein „Q“uadrat hat vier Seiten, „Vier“ endet mit „r“.
5	s, sch, ß, c, (i)ch	„5“ sieht wie „S“ aus, die anderen Zischlaute beinhalten fast alle ein „s“.
6	b, p	„6“ sieht fast wie „b“ aus, „p“ ist ein „b“ auf dem Kopf.
7	f, pf, ph	„7“ ist das Spiegelbild von „F“, „pf“ und „ph“ sind fast wie „f“.
8	h, j	„8“ ist ein „H“, das oben und unten zu ist, „j“ hat sich an das H gehängt.
9	g, (a)ch, k, ck, c	„9“ und „g“ sind sehr ähnlich, die anderen werden ähnlich ausgesprochen.
0	z, l, tz	„0“ und „z“ kommen zuletzt, die Schleife beim „l“ erinnert an die „0“.

Wenn Sie in einem Geschäft arbeiten und den Preis verschiedener Lebensmittel lernen müssen wie z.B. den des Zuckers für DM 2,25/Kg, dann können Sie folgende Verbindung herstellen: 2,25 = n/v/x, n/v/x, s/sch/ß/(i)ch/c; daraus können Sie den Ausdruck „Nie naschen!“ bilden.

Malen Sie sich aus, wie ein Kunde Zucker verlangt und sie ihn lächelnd warnen: „Nie naschen!“ oder „Nie nass!“, und stellen sich vor, wie der Kunde mit einem Regenschirm den Zucker in einem tropfnassen Keller verstaut. Das Bild ist zwar ausgefallen, aber je verrückter die Bilder sind, desto besser werden Sie die entsprechende Zahl behalten können.

Das ausgewählte Bild wird Ihnen einfallen, wenn Sie den Zucker sehen, und dann können Sie die Verbindung Buchstaben-Ziffer herstellen und sich so sehr schnell an den Preis erinnern.

Manche Menschen haben ein gutes Zahlengedächtnis und brauchen nicht auf solche Tricks zurückzugreifen. Dennoch sollte man sie nicht unterschätzen; behalten Sie immer im Kopf, dass mehrere Leute wirkliche mnemotechnische Wunder mit Hilfe dieser Ziffer-Buchstaben-Verbindungen vollbracht haben.

Alle diese mnemotechnischen Mittel sollen regelmäßig angewendet werden, so dass diese Kopfgymnastik allmählich ganz von selbst erfolgt. So werden die Bilder und Verbindungen fast ungewollt auftauchen, jedes Mal wenn Sie sich etwas einprägen müssen. Und dann werden Sie nicht umhinkönnen festzustellen, dass Sie zu den Menschen gehören, die ein außergewöhnliches Gedächtnis haben!

Kapitel 9

DAS MIND MAPPING

Im April 1991 nahm ich am jährlichen Kongress der *Society for Accelerative Learning and Teaching* (SALT) in Minneapolis teil. Ich komme aber zu spät in den Konferenzsaal und bleibe hinten stehen, da ich den Redner nicht stören möchte. Von dort aus kann ich sehen, wie die Zuhörer sich Notizen machen. Meine Aufmerksamkeit wird auf einige gelenkt, die mir, zugegeben, anfangs etwas lächerlich vorkommen. Sie sitzen da mit einem großen Heft und einem Kasten voller Buntstifte und malen, während der Redner seinen Vortrag hält. Ich sage mir, dass man wirklich nichts Besseres zu tun haben kann, wenn man zu einem Vortrag geht und die ganze Zeit malt. Meine Neugierde ist aber geweckt und ich nähere mich langsam einem jener Zuhörer, um zu sehen, was er da zeichnet... Zu meiner großen Überraschung war alles, was der Redner angesprochen hatte, in Zeichnungen auf dem Blatt festgehalten. In Form von Zeichnungen machte sich der Zuhörer zu allem Notizen, die übrigens sehr genau und detailliert waren. So wurde ich in die Welt des *Mind Mappings* eingeweiht.

Das Mind Mapping kommt aus den USA, wo es vor einigen Jahren von Tony Buzan entworfen und von Nancy Margulies sozusagen wieder entdeckt wurde. Wortwörtlich übersetzt heißt es „Abbildung des Geistes".

Das Mind Mapping ist eine Technik, dank der man Notizen machen und Gedanken zu Papier bringen kann, die einem bildhaften Denkprozess entspringen, ohne dass man sie durch die unausweichliche Übersetzung dieser Gedanken in Worte und in eine durch Syntax, grammatikalische Strukturen und genaue Regeln definierte Sprache verunstaltet.

Die Gedanken tauchen im Kopf als Bilder, Symbole oder Begriffe auf. In diesen Bildern und Symbolen drücken sich Intuition und kreative Einfälle aus. Oft zerstört bereits das traditionelle Notizen-Nehmen den intuitiven Gedankengang, ohne den man aber kaum zu einem tieferen Verständnis gelangt.

Wenger soll in seinen Forschungen bewiesen haben, dass der IQ zahlreicher Kinder schon dadurch gestiegen sei, dass sie die Technik des Mind Mappings benutzt haben. Eine denkbare Hypothese wäre, dass der Lernende sein ganzes Denkvermögen leichter entfalten kann, da das Mind Mapping nicht über die Sprache verläuft, die gerade beim Kind hemmend wirkt. Es ist nicht nur eine Rückkehr zur schematischen und symbolischen ursprünglichen Sprache des Gehirns, sondern auch in mancherlei Hinsicht ein wirksames Mittel, um das Lernen zu erleichtern und das Gedächtnis zu verbessern. Deshalb möchte ich es jetzt in seiner ganzen Tragweite näher untersuchen.

Mind Mapping bedeutet erstens Zeichnungen, Farben, Formen, Metaphern, aber auch eine Art Ordnung, Logik, ein synthetisches Denken.

Kurz gesagt: Die Anwendung von Mind Mapping lässt zwangsläufig beide Gehirnhemisphären zusammenarbeiten, wodurch sich unser Lernvermögen optimal ausdrücken kann. Das linke Gehirn der Logik und Analyse muss mit dem rechten Gehirn kooperieren, um durch das Zeichnen einen Gedanken präzise und umfassend auszudrücken.

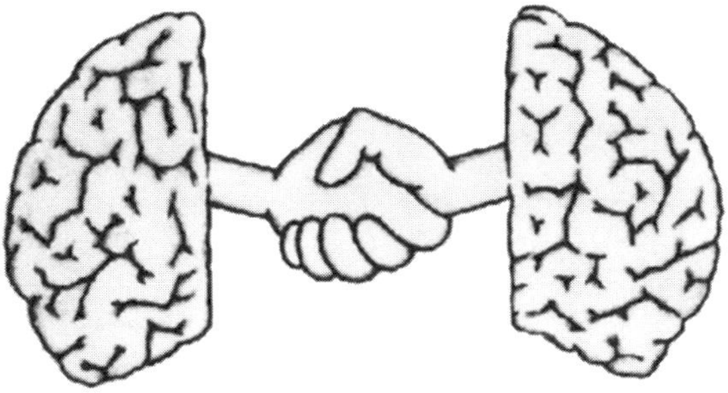

Zweitens entwickelt sich zwangsläufig das synthetische Denken, denn wir müssen immer ein passendes Bild oder Schlüsselwort suchen, um einen Gedanken oder eine Information knapp auszudrücken. Mehrere Seiten aus einem Buch oder mehrere Minuten eines Vortrages werden oft mit erstaunlicher Genauigkeit durch einige Zeichnungen und Schlüsselwörter zusammengefasst. Gerade das synthetische Denken ist eine charakteristische Eigenschaft fast aller großen Redner, Pädagogen, Leitfiguren oder Zukunftsdenker.

Das Zusammenfassen mehrerer Informationen in wenigen Zeichnungen, die einzig und allein der eigenen Überlegung und Kreativität entstammen, setzt zudem voraus, dass diese verstanden und abgespeichert sind. Sie werden mehrere Gedanken nur schwerlich in Zeichnungen ausdrücken können, wenn Sie sie nicht wirklich verstanden haben.

Im Zusammenhang mit den Forschungen von Antoine de la Garanderie haben wir im vorigen Kapitel gesehen, dass das Mind Mapping ein nützliches Mittel ist, erworbene Kenntnisse mit seinen eigenen Worten und in seiner eigenen Sprache darzustellen.

Drittens funktioniert unser visuelles Gedächtnis besser als unser semantisches. Wir erinnern uns viel eher an Einzelheiten aus einem Bild als an Elemente einer schriftlichen Beschreibung. Betrachten Sie fünfzehn Sekunden lang die Wörter im folgenden Rahmen. Drehen Sie dann die Seite um und schreiben Sie auf einen Zettel alle Wörter, an die Sie sich erinnern.

Knie

Nadel

Kaninchen

Sonne

Wagen

Kissen

Apfelsine

Teppich

Fenster

Mantel

Messer

Korb

Machen Sie den Test noch einmal, aber diesmal mit den unten abgebildeten Bildern. Betrachten Sie die Zeichnungen fünfzehn Sekunden lang, drehen Sie die Seite um, und schreiben Sie alle Gegenstände auf einem Zettel, an die Sie sich erinnern.

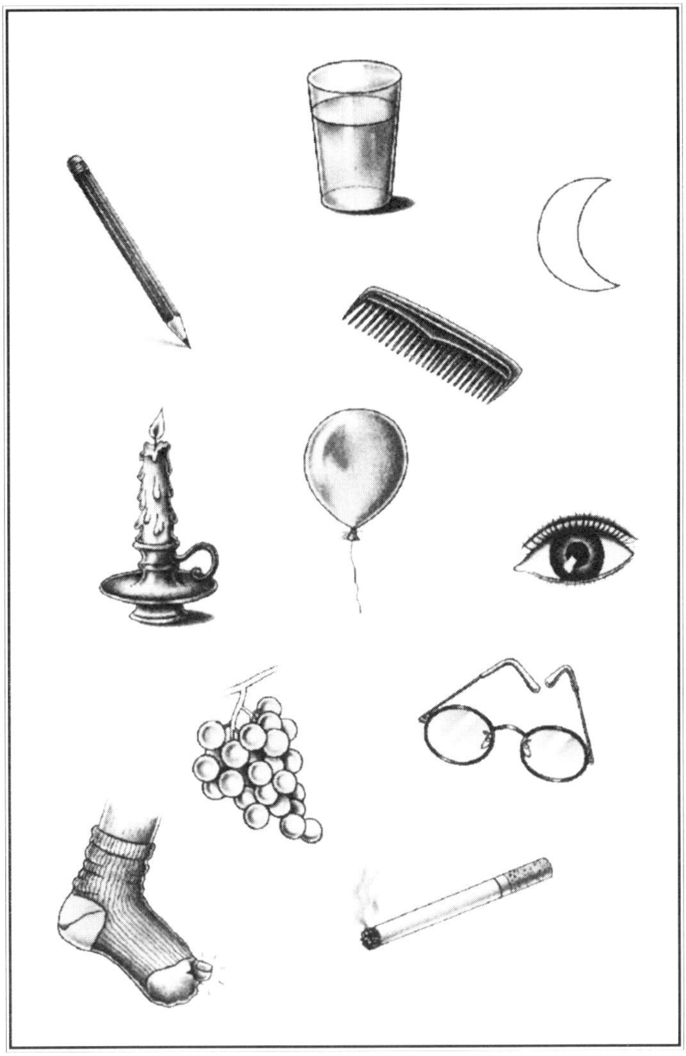

Wahrscheinlich haben Sie mehr Bilder als Wörter in Ihr Gedächtnis abspeichern können. Sie können auch folgenden Test machen: Suchen Sie sich ein Gemälde aus, von dem Sie eine ein- oder zweiseitige Beschreibung besitzen. Betrachten Sie das Gemälde und den Text jeweils ungefähr dreißig Sekunden lang. Wenn Sie einen Stift nehmen und aufschreiben müssten, was Sie auf dem Bild gesehen oder im Text gelesen haben, in welchem Fall könnten Sie mehr niederschreiben? Wahrscheinlich im Falle des Gemäldes.

Werbeagenturen sind übrigens immer mehr darum bemüht, uns ihre Botschaften durch Bilder und Zeichnungen zu vermitteln; so können sie innerhalb kurzer Zeit und auf kleinem Raum unserem Gedächtnis mehr Informationen aufzwingen. Warum sollten Sie nicht zu dieser Technik greifen, um eine Prüfung, einen Vortrag vorzubereiten oder um die verschiedenen Stadien einer anstehender Arbeit im Kopf zu behalten, um die Griffe bei der ersten Hilfe zu erlernen oder die Etappen der Entwicklung von Negativen. Nicht umsonst heißt es: „Ein Bild sagt mehr als tausend Worte!"

Schließlich verleiht das Mind Mapping der Information und dem gesamten Lernprozess eine kinästhesische Größe. Einerseits erfordert das Zeichnen die physische Bewegung der Hand, andererseits stellt es durch die Visualisierung oft eine Art psychischer Bewegung dar.

Mind Mapping fördert nicht nur die Verbesserung des Gedächtnisses, sondern erweist sich als ein fast unentbehrliches Werkzeug bei der Vorbereitung von Unterrichtsstunden, Vorträgen und Reden. Indem Sie den Inhalt eines Vortrages in Form von Bildern darstellen, fassen Sie auf einem einzigen Blatt alle Themen zusammen, die Sie behandeln wollen. Mit einem einzigen Blick können Sie den gesamten Inhalt Ihres Vortrages erfassen. Falls ein Zuhörer Sie unterbricht und Sie einige Zeit brauchen, um ihm zu antworten, genügt Ihnen so ein einziger Blick. Sofort erkennen Sie, was Sie noch behandeln müssen und Sie können die restliche Zeit besser einteilen. Wenn Sie hingegen ein Karteikartensystem benutzen, haben Sie in einer solchen Situation keine andere Wahl, als schneller zu reden oder die letzten Themen sogar fallenzulassen. Jedes angesprochene Unterthema wird außerdem stets im Gesamtkontext behandelt, da Sie immer den gesamten Plan als Zeichnung vor Augen behalten. Es mag nebensächlich klingen, aber wenn die verschiedenen Themen eines Vortrages als getrennte Einheiten präsentiert werden, ohne dass man von Zeit zu Zeit Parallelen und Querverbindungen aufzeigt und das Ziel der Rede erneut vor Augen führt, fällt es viel schwerer, die Aufmerksamkeit der Zuhörer aufrechtzuerhalten. So ist es strategisch klug, eine gestellte Frage zu einem Thema, das Sie eigentlich später behandeln wollten, sofort zu beantworten. Die Frage des Zuhörers zeigt nämlich, dass er Ihnen und dem Thema gegenüber offen ist und Sie verstehen möchte. Wenn Sie die Fragen sofort beantworten, können

Sie gleichzeitig die Grundstimmung des Publikums einschätzen und die Anregungen aufgreifen. Dadurch ändern Sie natürlich den Verlauf Ihres Vortrages. Ist dieser jedoch in Form von Bildern organisiert, können Sie mit einem Blick den Aufbau Ihrer Rede neu gestalten. Dann wirken Sie tatsächlich wie ein wirklicher Dirigent, den keine Frage aus dem Takt bringen kann. Sie vermitteln den Eindruck, Sie hätten jede Frage vorhergesehen und sichern sich die Aufmerksamkeit des Publikums während ihres ganzen Vortrages.

Das Mind Mapping ist auch ein sehr wirksames und nützliches Mittel, ein Buch oder jedes andere Dokument zusammenzufassen, das Sie lesen müssen. Sehen Sie für jedes Thema aus der Inhaltsangabe einen Pfeil vor. Bilden Sie eine Synthese aus den verschiedenen im Werk besprochenen Informationen in Form von Bildern mit Schlüsselwörtern. Am Ende bekommen Sie ein Mind-Mapping-Blatt, das das Wichtigste aus der Unterlage zusammenfasst. Stellen Sie sich eine Sammlung Mind Mappings zusammen von allen Büchern, die Sie gelesen haben, und stecken Sie die verschiedenen Blätter in die jeweiligen Bücher. So können Sie innerhalb weniger Minuten den Inhalt jedes Buches wiederholen.

Benutzen Sie das Mind Mapping, um Ihren Tages- oder Wochenverlauf, Ihren Urlaub oder jedes andere Projekt zu planen. Es ist ein ausgezeichnetes Mittel, Brainstorming zu fördern und zu begünstigen. Das Mind Mapping stimuliert den Gedankenfluss und erleichtert die Anordnung der Ideen nach Thematik und Bedeutung. Ich betone es noch einmal: Mit nur einem einzigen Blick erkennen Sie, was Sie noch tun müssen, und können so Ihre Zeit optimal einteilen.

Schließlich ist das Mind Mapping die beste Art, sich auf eine Prüfung vorzubereiten oder jede Art von Information abzuspeichern. Vergessen Sie nie: Das visuelle Gedächtnis ist dem auditiven oder semantischen überlegen. Wenn Sie eine Stelle in einem Buch mit einem Textmarker hervorheben, hilft es Ihnen, sich daran zu erinnern, wenn Sie sie aber in Bildern und Schlüsselwörtern zusammenfassen, ist die Wirkung ungleich verblüffender. Halten Sie zum Beispiel als Zeichnung die verschiedenen Befehle Ihres Computers fest, die wichtigsten Griffe bei der ersten Hilfe oder die Etappen, die Sie durchlaufen müssen, wenn Sie einen Bericht schreiben usw. In einem Wort: alles was Sie unbedingt behalten müssen!

DIE TECHNIK DES MIND MAPPINGS

Woraus besteht nun die Technik des Mind Mappings? Beziehen Sie sich im Laufe meiner Erklärungen immer auf das Bild Seite 137. Ein Blatt mit solchen Notizen in Form von Bildern nennt man **Mind Map**.

Zeichnen Sie zuerst **in die Mitte des Blattes ein einfaches Bild oder ein Symbol**, das das behandelte Thema darstellt. Da Sie überall auf das Blatt schreiben und zeichnen müssen, sollten Sie diese erste Zeichnung klein halten. Falls Sie Angst haben, ihre Bedeutung zu vergessen, können Sie ein oder zwei Wörter hinzufügen, die den Sinn der Zeichnung verdeutlichen.

Fügen Sie für jeden neuen Gedanken einen neuen Zweig hinzu, wobei Sie während eines Brainstormings Ihrer Fantasie freien Lauf lassen oder während eines Vortrages dem Gedankenverlauf folgen. Denken Sie immer daran: Diese Notizen sind nur für Sie gedacht, und ein Wort oder ein Bild wird ausreichen, um Sie an den damit verbundenen Gedanken zu erinnern. Sie müssen dabei kein Künstler sein: Ihr Ziel ist es, Notizen zu machen, und nicht, ein Kunstwerk zu schaffen.

Verwenden Sie mehrere **Farben** und heben Sie die Hauptgedanken hervor, indem Sie mit **Proportionen** und **Formen** spielen. Wenn Sie von einem übergeordneten Thema zu einem untergeordneten übergehen, benutzen Sie **Pfeile**, die den Gedankengang nachvollziehbar machen. Nach kurzer Zeit werden Sie merken, wie wichtig es ist, Pfeile statt einfacher Striche zu benutzen.

Verwenden Sie **Schlüsselwörter**. Obwohl es Ihnen am Anfang schwer fallen wird, sollten Sie sich auf ein einziges Wort pro Zeile beschränken. Dies hilft, das synthetische Denken zu entwickeln; es ist eine Denkgymnastik, die an sich schon Lernen und Behalten begünstigt. Wenn Sie mehr als ein Wort benötigen, malen Sie einen neuen Zweig. Sie werden dann schneller Ihre Mind Map lesen können und besser behalten.

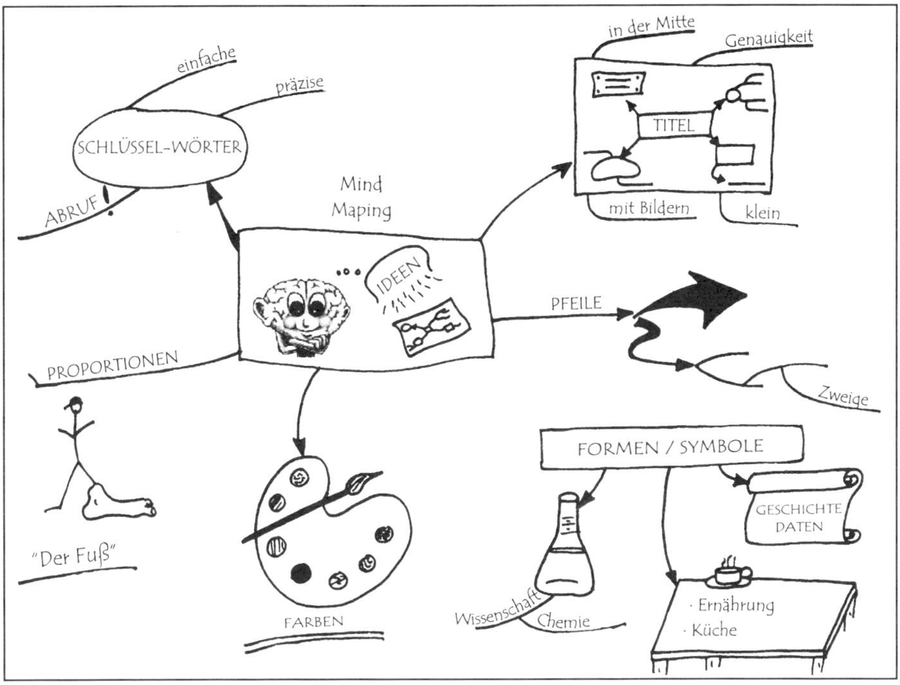

Geben Sie sich die Mühe, die Buchstaben schön zu schreiben. Eine unordentliche Schrift verringert stark das Behalten und erschwert den Zugang zum Mind Map. Fügen Sie ein Schlüsselwort hinzu, wenn ein Symbol ungenau oder unvollständig ist. Beschränken Sie sich dennoch nicht auf Wörter, sondern verwenden Sie auch so oft wie möglich Symbole. Mit etwas Erfahrung werden Sie merken, dass Symbole und Bilder durch einige wenige Striche einen Begriff oder einen Gedanken darstellen, für den Sie sonst ganze Sätze benötigt hätten.

Ich wiederhole es noch einmal, weil es sehr wichtig ist: Denken Sie immer daran, dass das Problem weniger beim Gedächtnis selbst liegt, als bei der Fähigkeit, die Informationen abzurufen.

Wählen Sie folglich Schlüsselwörter oder Bilder, die einen leichten und schnellen Abruf ermöglichen. Stellen Sie sich vor, wie und wann Sie die Mind Map benutzen, wenn Sie sie aufbauen. Schreiben Sie nur das auf, was das Gedächtnis braucht, um die benötigten Auskünfte abzurufen. Mit etwas Übung werden Sie feststellen, dass oft zur Gedächtnisstimulation und zur Begünstigung des Abrufs nur wenig notwendig ist.

Wir können zum Beispiel untersuchen, wie wir folgenden Text als Mind Map umschreiben:

Die Lungen der Welt.

In unseren Träumen suchen wir häufig im Weltall nach einem neuen, zu erforschenden Gebiet. Auf der Erde jedoch gibt es immer noch fast unbekannte Gegenden: die Urwälder. Sie werden so genannt, weil sie noch nicht bewirtschaftet sind. Solche Wälder findet man auf allen Kontinenten außer in Nordamerika. Der Wald Amazoniens in Südamerika ist der größte der Welt. Er umfasst ungefähr sieben Millionen Quadratkilometer. Das heißt, er ist zwanzigmal so groß wie Deutschland! Sein größter Teil liegt in Brasilien.

Amazoniens Wald ist die Lunge der Erde. Warum wird er so genannt? Die Bäume, wie alle Pflanzen, verwandeln das Kohlendioxid in Sauerstoff, um sich zu ernähren. Dichte Wälder, wie die Amazoniens, produzieren deshalb den meisten Sauerstoff der Welt. Die dichten Wälder sind aber nicht nur wegen der Sauerstoffproduktion nützlich. Sie bieten auch Wohnraum für zahlreiche Lebewesen. Zwischen 35 und 75% der Tierarten leben dort. Einige diese Tierarten sind voneinander abhängig: Sie brauchen sich gegenseitig, um zu überleben. Vernichtet man eine dieser Arten, fügt man anderen einen großen Schaden zu.

Darüber hinaus beheimatet der Wald Amazoniens sehr nützliche Baumsorten. Dort wird zum Beispiel die Paranuss geerntet. Der dichte Wald bringt auch den **Kakaobaum** hervor, an dem die Kakaobohne wächst. In Amazonien findet man auch den **Zimtbaum**, dessen Rinde den Zimt liefert. Schließlich wächst manchmal die **Hevea** wild im Wald. Aus diesem Baum gewinnt man den Latex, mit dem man Naturkautschuk herstellt.

Zahlreiche Pflanzen werden auch bei der Medikamentenherstellung verwendet. Viele dieser Pflanzen kommen aus den Regenwäldern wie denen Amazoniens. Aus den Blättern des **Koka** genannten Strauches gewinnt man das Kokain. Dieser Stoff, der leider als Droge benutzt wird, ist auch in der Medizin für die örtliche Betäubung äußerst nützlich. Die **Ipekakuanah** ihrerseits ist eine Wurzel. Aus ihr stellt man ein Husten- und Brechmittel her. Das **Kurare** kommt aus einem Pflanzenharz. Die Indios Amazoniens benutzen es als Gift bei der Jagd. Die Ärzte verwenden seine Derivate als Betäubungsmittel. Es scheint nicht abwegig anzunehmen, dass in den nächsten Jahren andere Medikamente entdeckt werden könnten.

Nur schwer kann man glauben, dass Menschen zu der Zerstörung solcher überaus nützlichen Wälder beitragen. Aber in Amazonien geschieht genau dies. Jede Stunde werden sechzehnhundert Hektar Wald gefällt. Das entspricht der Größe der Insel Juist! Wenn der Wald Amazoniens aber derart zerstört wird, geschieht dies, um die Entwicklung Brasiliens zu ermöglichen. Die Regierung dieses Landes baut nämlich eine Straße quer durch den Urwald. Entlang dieser Straße lassen sich Kleinbauer auf neuem Land nieder. Da Roden zeitaufwendig ist, brennen sie den Urwald nieder. Das Kohlendioxid aus diesen Bränden trägt noch zusätzlich zur Luftverschmutzung bei.

Aus all diesen Gründen interessieren sich zahlreiche Menschen (Umweltschützer und andere) für Amazonien. Sie sind um den Zustand der „Lunge der Welt“ besorgt. Es ist nicht zu leugnen: Durch die Zerstörung der Wälder Amazoniens gerät diese Lunge in Gefahr. (Originaltext aus: *Entre 4 yeux*, Graficor.)

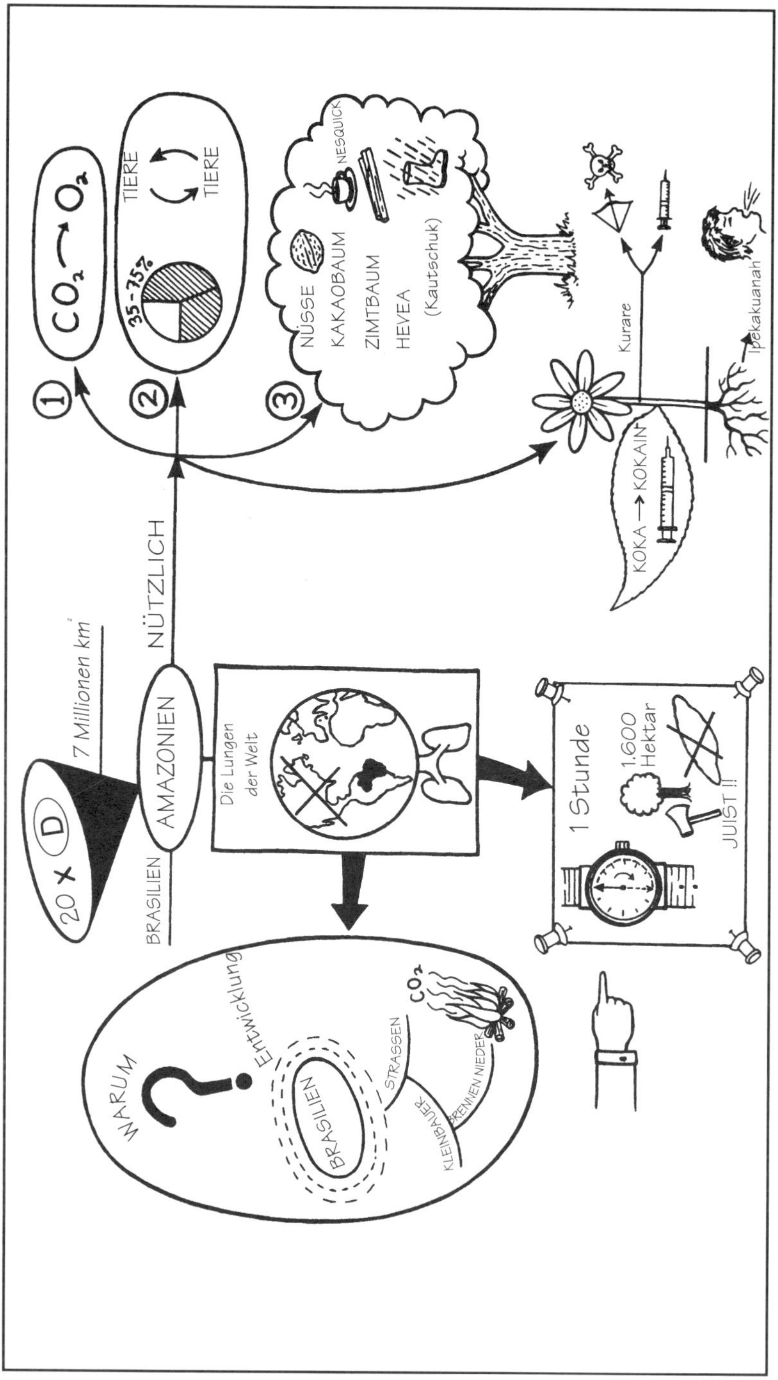

Zusammenfassung des Textes *Die Lungen der Welt* als Mind Map

Es folgen drei Texte steigender Schwierigkeitsgrade, mit denen Sie das Mind Mapping üben können, wenn Sie Lust dazu haben. (Vergleichen Sie dann Ihre Mind Maps mit denjenigen am Ende des Kapitels.)

Pflanzen in Bewegung

Jeder weiß, dass Pflanzen nicht laufen können. Ihre Füße, die Wurzeln, können sich nicht selbst aus dem Boden ziehen, in dem sie stecken. Botaniker behaupten aber, Pflanzen würden sich bewegen. Einige darunter verzichten sogar auf Wurzeln, um besser spazieren gehen zu können.

In den meisten Fällen findet die Bewegung von einer Generation auf die nächste statt. Eine erwachsene Pflanze erzeugt einen Samen, der sich in einer bestimmten Entfernung von der Pflanze niederlässt.

Wenn alle Nachkömmlinge einer Pflanze in der Nähe ihres Fußes Wurzel schlagen würden, wäre das eine Katastrophe! Sie würden sich gegenseitig erdrücken. Um das Fortleben der Art zu garantieren, müssen sich deshalb die Nachkömmlinge von ihren Eltern entfernen.

Zu diesem Zweck ist ihnen jedes Mittel recht. Einige Pflanzen bewegen sich auf Wasserwegen. So zum Beispiel die Nuss der Seychellenpalme, die sich Hunderte, ja manchmal Tausende von Kilometern auf dem Wasser treiben lässt. Eines Tages empfängt sie eine Insel des Ozeans und sie schlägt Wurzeln im warmen Sand.

Auch der Luftweg wird als Fortbewegungsmittel benutzt. Die federleichten Löwenzahnsamen lassen sich vom leisesten Winde tragen. Die Samen der Pilze, Sporen genannt, sind staubfein und fliegen leicht weg. Auf Hawai, am anderen Ende der Welt, hat man Pilze gefunden, die aus der Sahara stammen!

Kirschen und Disteln bevorzugen Tiere als Transportmittel. Die vom Vogel heruntergeschluckte köstliche Kirsche ist das Flugticket für ihren Stein. Die Distel hält sich am Fell vierbeiniger Passanten fest, um woanders hinzureisen.

Die Pflanzen bewegen sich auch auf dem Landweg. Auf diese Weise hinterlassen sie am ehesten den Eindruck, sie würden... laufen. Diese Bewegungsweise nennt man „vegetative Fortpflanzung“. Diesmal spielt nicht der Samen, sondern ein Teil der Pflanze die Rolle des Nachkömmlings. Es handelt sich dabei um einen Teil der Wurzel oder des Stängels.

Die Iris beispielsweise hat einen unterirdischen Stängel (das Rhizom), der waagerecht unter der Bodenoberfläche wächst. Entlang diesem entwickeln sich neue Stängel, die man Wurzelschößlinge oder Wurzeltriebe nennt. Wenn sie an der Oberfläche erscheinen, werden aus diesen Wurzeltrieben neue Pflanzen, die relativ weit entfernt von der Mutterpflanze sprießen.

Die Stängel der Erdbeerpflanze ihrerseits erzeugen Nebentriebe, die Ausläufer. Diese Stängel kriechen auf dem Boden und entfernen sich so von der ursprünglichen Pflanze. Jeder von ihnen wird mit der Zeit zu einer neuen Erdbeerpflanze.

Wenn man Iris und Erdbeerpflanze sieht, hat man den Eindruck, sie würden laufen. Das ist aber nichts im Vergleich zu einer Flechtenart aus der Kalahariwüste in Afrika. Diese einzigartige Pflanze lebt vollkommen losgelöst vom Boden und begleitet den Wind überall hin. Sie genießt eine vollständige Bewegungsfreiheit. Dabei handelt es sich freilich um eine Ausnahme in unserer wunderbaren Pflanzenwelt. Diese Ausnahme zeigt aber eins: Was die Bewegung angeht, kann man nicht unbedingt alle Pflanzen in einen Topf werfen! (Originaltext aus: *Entre 4 yeux*, Graficor.)

Die Wilden von Hubei

Zwei Meter dreißig groß, am ganzen Körper rot behaart, mit üppigem Kopfhaar und einer offensichtlichen Schüchternheit den Damen gegenüber, so soll man sich anscheinend den wilden Menschen von Hubei in China vorstellen.

An einem warmen Juninachmittag letzten Jahres trafen sich die Wuhaner Abteilung der Akademie der Wissenschaft von China und der wissenschaftliche und technische Ausschuß der Provinz Hubei, um diesen seltsamen Fall zu untersuchen. Gab es tatsächlich „Wilde“ in entfernten Bezirken der Provinz, wie zahlreiche Zeugen behaupteten, oder nicht? Ja, „Wilde“, das heißt hoch gewachsene Lebewesen, die aufrecht auf den hinteren Gliedmassen stehen, deren Körper mit langen roten Haaren bedeckt ist, die wie Menschen laufen und denen sich bis jetzt noch niemand nähern konnte.

Offen gestanden, das Gerücht ist nicht neu. Seit der Zeit der drei Königreiche (im dritten Jahrhundert unserer Zeitrechnung) erwähnen historische Texte diese seltsamen Wesen. In einer Monographie aus der Gegend sind sie im Laufe der Geschichte immer wieder erwähnt, von der Zeit der Han und der Tang bis zur Qing-Dynastie (die letzte, die über China herrschte). In einem Grab wurde sogar eine Laterne gefunden, auf deren einer Seite eine behaarte Figur dargestellt ist, die ziemlich genau den neuesten Beschreibungen entspricht.

Könnte es sich um etwas anderes als um eines dieser alten Märchen handeln, wie es sie überall in China gibt und die von Generation zu Generation weitererzählt werden?

Die Gegend, in der diese „Wilden“ leben, ist auch nicht gerade viel bereist. Sie ist zwar nicht weit entfernt von den Verkehrsstraßen, da sie nur ungefähr fünfzig Kilometer von den Ufern des Yangtsekiang, nördlich der kleinen Stadt Badong im westlichen Hubei liegt. Der Berg Dashennongjia gipfelt aber bei mehr als 3000 Metern und ist von einer weiten, mehr als 2000 Meter über dem Meeresspiegel liegenden Hochebene umgeben, die von einem uralten, natürlichen Wald bedeckt ist, der nie ganz erforscht wurde. Wie man weiß, leben hier aber einige der seltensten Tiere der Erde, wie weiße Bären und Hirsche, wilde Büffel und Pferde, die berühmten „Goldstumpfnasenaffen“ und selbstverständlich große und kleine Pandas. Warum also keine „Wilden“?

Wie dem auch sei, die Wuhaner Akademie der Wissenschaft wollte sich Sicherheit verschaffen oder zumindest versuchen, das Geheimnis zu lüften. Man könnte vielleicht meinen, dass man damit früher hätte anfangen sollen, aber zunächst mussten die geeigneten Bedingungen dafür geschaffen werden. Die *Zeitschrift für die Jugend*, die über die ganze Angelegenheit berichtet, erklärt dazu, dass während der Jahre nach der Kulturrevolution der Klassenkampf so sehr im Vordergrund stand, dass man die „Wildensucher" womöglich beschuldigt hätte, „die Klassenunterschiede zu verwischen". Man muss zugeben, dass das Thema nur schlecht zu den klassischen oder revolutionären Schemata der Beziehungen zwischen Bürgertum und Proletariat im heutigen China passt.

Da dieses ideologische Hindernis seit dem Fall der „Viererbande" aus dem Weg geräumt ist, konnte eine wissenschaftliche Untersuchungsdelegation letzten Sommer in die Gegend vom Dashennongjia geschickt werden; und über die ersten Ergebnisse dieser Untersuchungen berichtet die **Zeitschrift für die Jugend** am 23. Oktober.

Merkwürdige Begegnung

Vor dieser Expedition teilte Herr Li Guohua, Mitglied der Delegation, eine wirklich überzeugende Erfahrung mit: Im Februar letzten Jahres erforschte er die Gegend. Eines Tages erholte er sich am Fuß eines Baumes, als er Schritte im Schnee knirschen hörte. Er drehte den Kopf in die Richtung und erblickte ein zwei Meter dreißig hohes Wesen, dessen Körper mit roten Haaren bedeckt war, es schien unter den Bäumen zu wandern. Herr Li versuchte, sich ihm ganz vorsichtig zu nähern, aber er war noch rund vierzig Meter entfernt, als er unglücklicherweise auf einen Ast trat. Bei diesem Geräusch floh der „Wilde", so schnell er konnte. Herr Li war anscheinend nicht besonders beeindruckt, ein menschenähnliches Wesen, wenn nicht gar einen Menschen früherer Zeiten, getroffen zu haben: Er legte sein Gewehr an. Unglücklicherweise für die Wissenschaft, glücklicherweise für den „Wilden" ging der Schuss nicht los.

Die Delegation hatte aber nicht soviel Glück wie Herr Li, sie musste zurückkehren, ohne dass ihre Mitglieder die seltsamen Wesen, auf deren Suche sie waren, mit eigenen Augen gesehen hatten. Dennoch bringen sie eine Fülle von Indizien und beeindruckenden Aussagen mit zurück.

Einer der spannendsten Berichte stammt von einer jungen Bäuerin, Frau Zhiu Xiangqun, die am 19. August diesen Jahres ungefähr einen Kilometer von Zuhause entfernt Kräuter sammelte. Es war neun Uhr früh und nach dem Nachtregen war das Wetter wunderschön. Irgendwann hatte sie wahrscheinlich das Gefühl, sie sei nicht mehr allein, denn sie hob den Kopf. Da sah sie zu ihrer großen Überraschung in ungefähr zwanzig Meter Entfernung eine behaarte Gestalt, die mehr als zwei Meter groß war. Üppiges Kopfhaar bedeckte ihre Schultern, sie stand mit hängenden Armen und starrte sie an. Zutiefst verwirrt senkte Frau Zhiu den Kopf und überlegte, ob sie nicht fliehen sollte.

Die *Zeitschrift für die Jugend* berichtet aber, dass „ihre Neugierde zu groß war“ und sie den Blick wieder hob. Sie sah dann, wie der „Wilde“ langsam in ihre Richtung kam. Gott weiß, was geschehen wäre, wenn die Angst dann nicht stärker als die Neugierde gewesen wäre und sie nicht zu einer überstürzten Flucht angetrieben hätte. Der „Wilde“ wollte sie anscheinend nicht einholen.

Am nächsten Tag schon eilte die wissenschaftliche Delegation, die sich zur Zeit der Begegnung gerade in der Gegend befand, an Ort und Stelle. Leider entdeckten sie nur einige Fußspuren - die übrigens sehr deutlich waren, - von ungefähr dreißig Zentimeter Länge.

Frau Zhius „Wilder“ war anscheinend kleinwüchsig im Vergleich zu seinen Artgenossen, denn man entdeckte auch andere, viel größere Fußspuren. Die davon genommenen Abdrücke verweisen auf einen Fuß, der achtundvierzig Zentimeter lang war, dreiundzwanzig Zentimeter breit vor den Zehen und sechzehn Zentimeter auf der Höhe der Ferse. Der dicke Zeh bildete einen Winkel von circa vierzig Grad mit den anderen. Man versicherte, dies hätte nichts gemein mit den Spuren irgendeines uns bekannten Tieres. Die Schrittweite betrug über zweieinhalb Meter. Fell- und Kopfhaare wurden auch gefunden, die längsten maßen nicht weniger als sechsundsechzig Zentimeter, die kürzesten circa fünfzehn.

Ein idealer Zufluchtsort

Das Ganze scheint verrückt: Behaarte, sieben Fuß große „Wilde“ werben um die Bäuerinnen in einem unerforschten Wald, mitten in China, im zwanzigsten Jahrhundert? Warum nicht Verwandte vom Yeti?

Wer weiß das schon? Der Leiter der von der Wuhaner Akademie der Wissenschaft gegründeten Delegation stellte fest, dass die Hochebene von Dashennongjia aus genau derselben Zeit stammt wie der Himalaja. Ihre zerklüftete Landschaft macht sie zum idealen Zufluchtsort; dies wird dadurch bestätigt, dass dort immer noch viele seltene Tierarten leben, die woanders längst ausgestorben sind. Abgesehen von dieser reichhaltigen Fauna erlauben die etwa zweitausend hier wachsenden Pflanzenarten, dass dort Lebewesen existieren, die nur außerhalb jeder Zivilisation leben können.

Nicht nur die Wissenschaftler aus der Provinz Hubei nehmen die Sache ernst. Die Japaner haben schon um die Erlaubnis gebeten, eine Delegation ins Dashennongjia-Gebirge schicken zu dürfen; sie erklärten sich bereit, nicht nur alle Kosten zu übernehmen, sondern auch alles, was sie von dort zurückbringen könnten, China zu übergeben - selbstverständlich einschließlich möglicher Vertreter der „Wilden".

Kusa-Hibari

Ihr Käfig ist genau zwei Zoll hoch und eineinhalb Zoll breit. Die auf einem Stift montierte Tür ist so klein, dass man nicht einmal den kleinen Finger hineinstecken kann. In diesem Käfig hat sie aber genügend Bewegungsfreiheit. Sie kann frei umherlaufen, springen, fliegen; sie ist in der Tat so klein, dass man genau hinschauen muss, um überhaupt eine Chance zu haben, sie einen kurzen Augenblick zu sehen. Man muss schon den Käfig in alle Richtungen ins richtige Licht drehen, um sie zu erblicken, wie sie oft in einer oberen Ecke an der Decke aus Gaze hängt.

Stellen Sie sich eine Grille vor, nicht größer als eine Mücke, mit einem Paar Antennen, die länger sind als ihr Körper, aber so dünn, dass man sie nur bei hellem Licht sehen kann. Kusa-Hibari, so ihr japanischer Name, ist auf dem Markt genau zwölf Cents wert, das heißt, sie ist nicht mit Gold aufzuwiegen. Tagsüber, wenn sie nicht gerade an einem Stück Aubergine oder Gurke knabbert, das man jeden Morgen in den Käfig legen muss, schläft oder meditiert sie. Es mag Ihnen seltsam vorkommen, dass jemand kontrolliert, ob seine Grille immer sauber und gut ernährt ist. Wenn Sie sie sehen würden, fänden Sie es unsinnig, sich soviel Mühe für ein so winziges Geschöpf zu geben.

Jedes Mal aber, wenn die Sonne am Horizont untergeht, erwacht ihre Liliputseele und der Raum erfüllt sich mit zarter Musik von unbeschreiblicher Schönheit. Ein so feiner und dennoch so reicher Klang, dass man meint, eine winzige elektrische Glocke läuten zu hören. Manchmal schwillt ihr Gesang so stark an, dass er anscheinend das ganze Haus mit himmlischen Tönen erfüllen könnte; manchmal dehnt er sich und wird ganz dünn, bis er in der Stille erstirbt. Ob laut oder leise, ihr Gesang bleibt geheimnisvoll, unvergleichlich schön. So singt sie die ganze Nacht und hört erst auf, wenn die ersten Sonnenstrahlen aufleuchten.

Dieses Lied ist ein Liebeslied - unerreichbare Liebe des Unbekannten und Unsichtbaren. Dieses Tierchen hat in seinem Leben nie etwas gesehen oder gekannt. Dieses Schicksal teilt es mit seinen Vorfahren, die seit unzähligen Generationen weder die Nacht auf den Feldern gekannt haben, noch den Grund ihres göttlichen Gesangs erfahren haben.

Die Eier, in denen sie sich bis zur Reife entwickeln, haben sich in einem Tontopf bei einem Insektenhändler geöffnet. Seitdem leben sie in einem Käfig eingesperrt. Dennoch singt Kusa das Lied ihrer Gattung, wie es seit unzähligen Jahren gesungen wird, und sie singt es mit solcher Genauigkeit, dass man meint, sie kennt genau den Wert jeder Note, jeder Pause. Sie hat dieses Lied freilich nie gelernt. Dieses Lied steht in ihrem organischen Gedächtnis geschrieben, einem Gedächtnis, das über Quintillionen von Leben weitergegeben wurde, die auf den Hügeln im frischen Morgentau erloschen. Dieses Lied brachte damals die Liebe... und den Tod. Die Grille hat den Tod ganz und gar vergessen, erinnert sich aber an die Liebe. Und sie singt immer noch für ihre Braut, die nie kommen wird.

Die Schuld liegt nicht allein bei mir. Man hatte mich vorgewarnt, dass sie zu singen aufhören und bald sterben würde, falls sie sich paarte. Nacht für Nacht aber berührte mich dieses sanfte, klagende und vergebliche Lied wie ein Vorwurf... Schließlich wurde es für mich zu einer solchen Besessenheit, einem solchen Leid, einer solchen Gewissenspein, dass ich versuchte, ihr ein Weibchen zu finden. Es war aber leider zu spät, keine einzige Kusa-Hibari war zu verkaufen, ob Männchen oder Weibchen. Der Insektenhändler fing an zu lachen und sagte: „Sie hätte um den zwanzigsten September sterben müssen.“ (Wir hatten schon den zweiten Oktober.) Der Insektenhändler wusste aber nicht, dass meine Grille über einem Ofen lebte, der ständig auf dreißig Grad Celsius gehalten wurde. Kurz vor November sang meine Grille immer noch und ich hoffte, ich könnte sie bis zum Einbruch der großen Kälte hören. Alle anderen ihrer Art waren wahrscheinlich tot und ich konnte von niemandem weder aus Liebe noch auch Profitgier eine Partnerin für sie besorgen. Ich hätte ihr die Freiheit schenken können, dass sie sich selbst auf die Suche mache, sie hätte aber keine einzige Nacht überlebt, selbst wenn sie all ihren natürlichen Feinden entkommen wäre.

Als ich mich letzte Nacht, am neunundzwanzigsten November, an den Schreibtisch setzte, bemächtigte sich meiner ein seltsames Gefühl, ein Gefühl der Leere erfüllte den Raum. Plötzlich wurde mir bewusst, dass meine Grille stumm war. Ich ging zu ihrem Käfig und entdeckte sie leblos neben einem trockenen, farblosen Stück Aubergine. Offensichtlich wurde sie während der letzten drei bis vier Tage nicht gefüttert. Am Tag vor ihrem Tod aber sang sie noch prächtiger denn je und ich war so töricht zu glauben, sie wäre nur glücklicher als sonst. Mein Schüler, Aki, der die Insekten besonders mag, fütterte sie jeden Tag. Diese Woche aber hatte er seine freien Tage dazu benutzt, eine Woche auf dem Land zu verbringen, und Hana, die Magd, wurde damit beauftragt, sich um die Grille zu kümmern. Ich kenne Hana, deshalb hätte ich es wissen müssen.

Sie behauptete, sie hätte die Motte - sie nennt meine Grille eine Motte! - nicht vergessen, es hätte aber keine Auberginen mehr gegeben. Sie war nicht auf die Idee gekommen, die Aubergine durch eine Gurke oder eine Zwiebel zu ersetzen... Offensichtlich bereute sie ihre Unachtsamkeit, aber die himmlische Musik war nun verstummt...

„Es ist absurd!", sagte ich zu mir. „Ich habe ein Mädchen wegen eines Insekts unglücklich gemacht, das kleiner ist als ein Reiskorn. Der Tod jenes winzigen Stückchen Lebens betrübte mich jedoch stärker, als ich es je für möglich gehalten hätte... Ich dachte an dieses Geschöpf, das Nacht für Nacht unermüdlich nach seiner Braut rief, leider vergeblich. Wie tapfer hatte es bis zum bitteren Ende gesungen; ein grausames Ende, da es seine eigenen Beine gefressen hatte, um zu überleben. Gott möge uns vergeben... besonders Hana!

Im Grunde aber ist das Fressen der eigenen Beine aus Hunger vielleicht nicht das Schlimmste, was einem unter einer solchen musikalischen Begabung leidenden Wesen passieren kann. Manche menschliche Grillen müssen das eigene Herz verzehren, um singen zu können. (Originaltext aus: *Sélections* du Reader's Digest.)

***

Falls Sie eine zeitliche oder logische Reihenfolge einhalten müssen, ordnen Sie die Unterthemen (Pfeile) nacheinander im Uhrzeigersinn. Sie können beliebig anfangen: bei 12, 9 oder 3 Uhr, wichtig ist nur, dass Sie immer den gleichen Startpunkt beibehalten.

Sie können auch die Schlangentechnik benutzen. Werfen Sie einen Blick auf die Seite 159, die den Inhalt des nächsten Kapitels zusammenfasst, oder auf die bildhafte Zusammenfassung am Ende des Buches, dann erübrigt sich jede weitere Erklärung.

Wenn Sie wirklich begriffen haben, wie das Gehirn mnemonisch gesehen funktioniert, werden Sie schnell den ganzen Vorteil des Mind Mappings einsehen. Die Kunst des Mind Mappings kommt mit der Übung. Anfangs stellen sich allerdings wenige Bilder ein, und das selten geforderte synthetische Denken findet nur schwer treffende Schlüsselwörter. Aber mit der Zeit und der Erfahrung wird das Mind Mapping zu einem wirksamen und durchschlagenden Hilfsmittel.

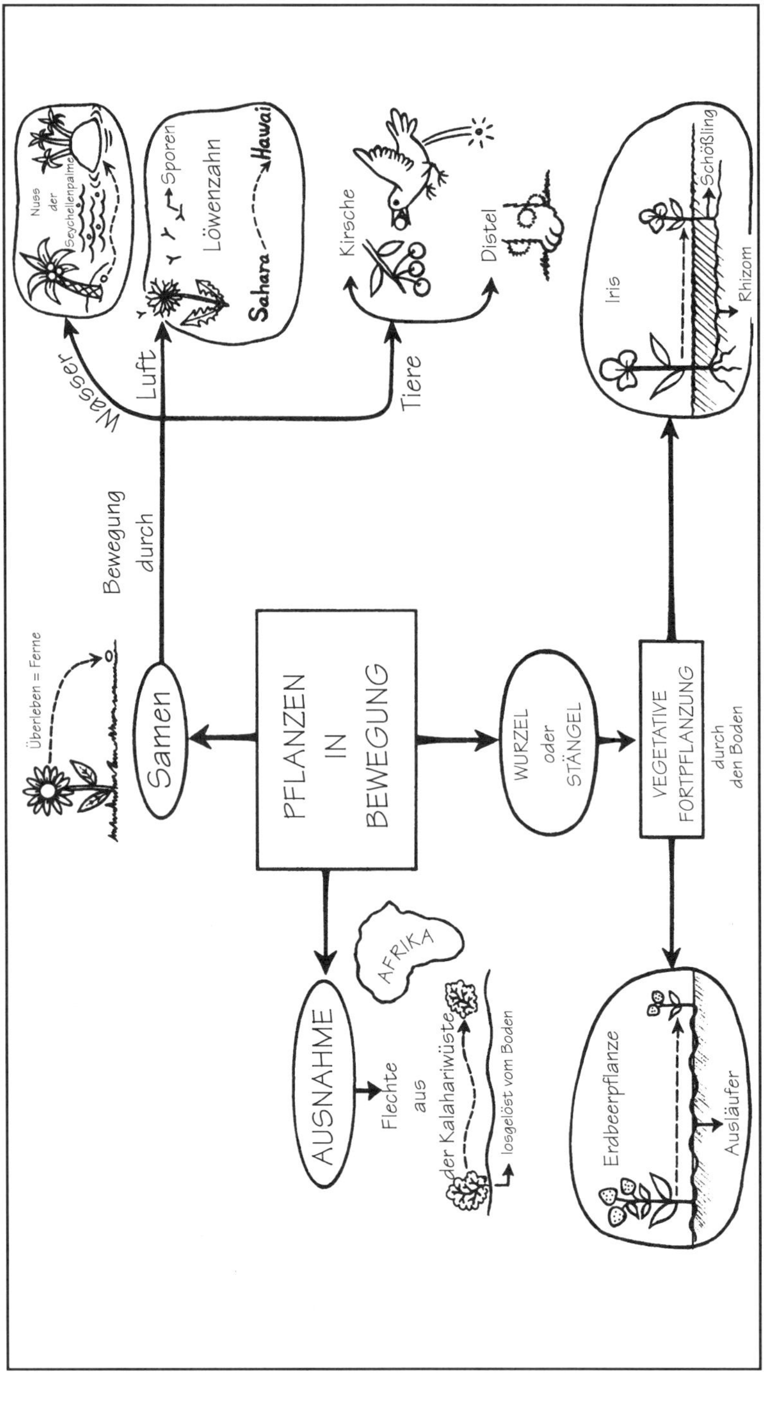

Zusammenfassung des Textes *Pflanzen in Bewegung* als Mind Map

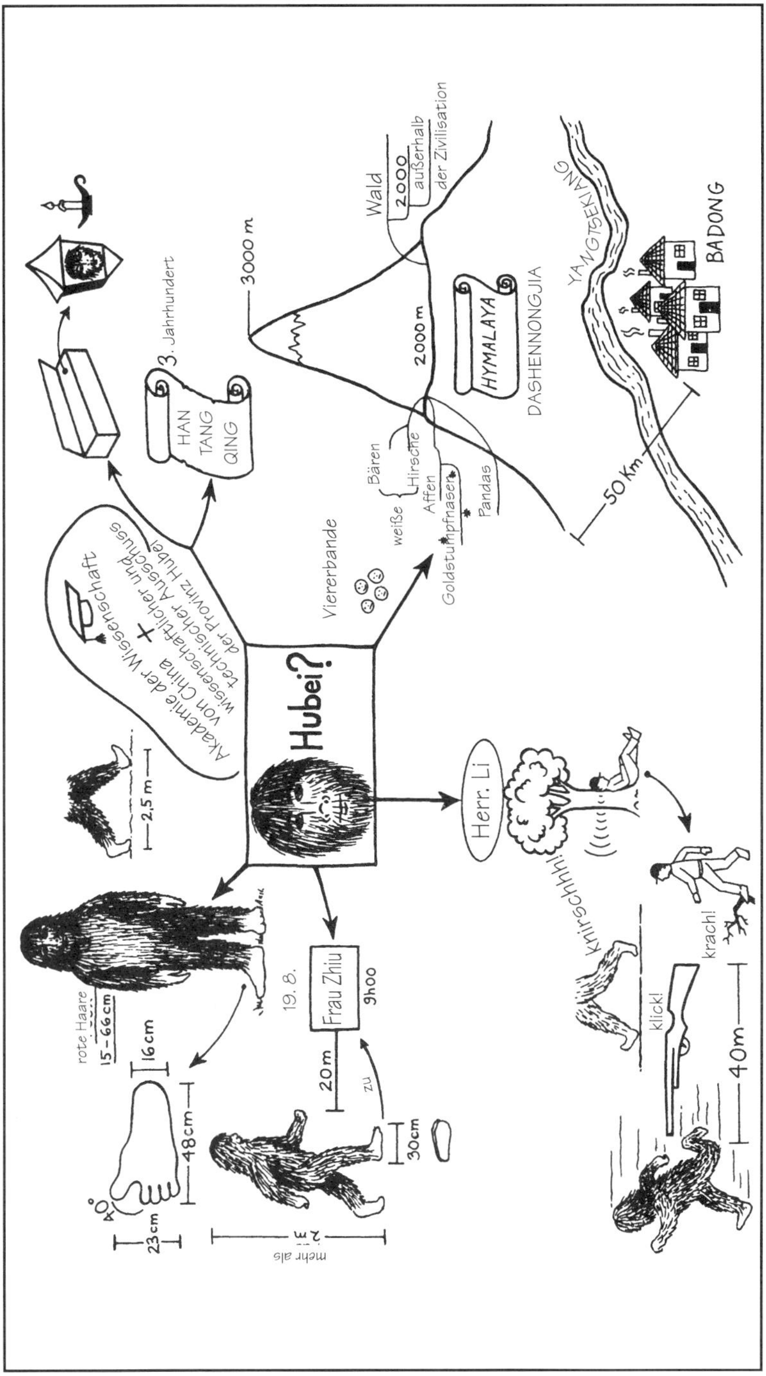

Zusammenfassung des Textes *Die Wilden von Hubei* als Mind Map

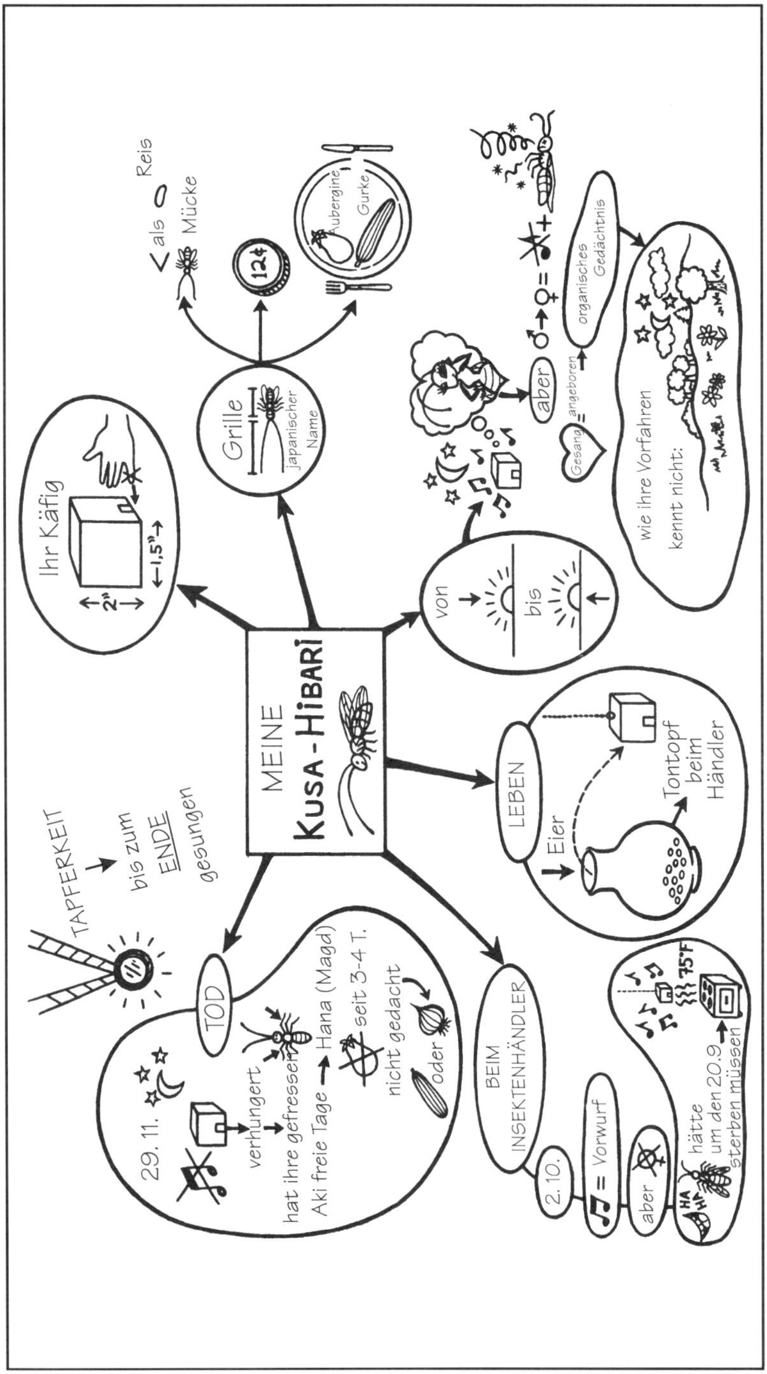

Zusammenfassung des Textes *Kusa-Hibari* als Mind Map

Kapitel 10

SUPERLEARNING UND PASSIVKONZERTE

Nun kennen wir die verschiedenen Methoden, die uns bessere Lern- und Gedächtnisleistungen ermöglichen: Lateralisierung der Gehirnhemisphären, unterschiedliche Lerntechniken, Entspannung, Musik, α- und θ-Gehirnwellen, Visualisierung, Mnemotechnik und Mind Mapping. Jetzt können wir uns wieder Dr. Lozanovs Forschungsarbeiten zuwenden.

Dr. Lozanovs pädagogischer Vorgehensweise wohnen gleichzeitig eine technische und eine psychologische oder „relationale" Seite inne. Die technische Seite basiert auf den oben genannten Methoden, während die relationale Seite zum Bereich der Kommunikation gehört. Grundsächlich stützt sich die suggestopädische Vorgehensweise auf einen Lehrer-Lernender-Kontext. Durch seine Haltung, seine nonverbale Sprache, seine Art der Informationsvermittlung trägt der Lehrer zur optimalen Entfaltung des Lernvermögens des Lernenden bei. Wir können uns an der Suggestopädie und ihrer technischen Seite orientieren und eine Methode entwickeln, die wir allein, losgelöst vom Lehrer-Lernender-Kontext, anwenden können.

Der Vorteil von Dr. Lozanovs Vorgehensweise ist, dass sie auf mehreren Methoden basiert, die wir in den vorherigen Kapiteln eingehend untersucht haben. Sie beschäftigen sich mit der „Neurologie" des Lernens und der Mnemonik, wobei Lozanov die Vorteile jeder einzelnen Methode kombiniert. Es handelt sich dabei vor allem um die Visualisierung, die Musik, das assoziative Gedächtnis, die Entspannung und eine weitere neue Technik, die im Mittelpunkt der Methode von Lozanov steht: **Das Passivkonzert**, bei der **die rhythmische Atmung** eine Rolle spielt.

In Dr. Lozanovs Arbeiten steht, dass wir einen Rhythmus haben, den wir mnestischen Rhythmus nennen können, genauso wie wir einen Tages-, Herz- oder Hormonrhythmus usw. haben. Wie die Yogatradition es bereits andeutet, wenn sie behauptet, dass „der Atem das Reittier des Geistes ist", wird dieser mnestische Rhythmus von der kontrollierten oder rhythmischen Atmung beherrscht. Deshalb wollen wir nun das Passivkonzert untersuchen, bei dem der Atem und die verschiedenen vorhin erwähnten Techniken zusammenwirken.

Durch das Passivkonzert kann man Informationen im Langzeitgedächtnis verankern, die man zuvor auf sich hat wirken lassen. Dies bedeutet, dass die zu speichernden Informationen erst durch die drei Fenster (VAK) aufgenommen, verstanden und durch die Mnemonik im Kopf verarbeitet werden müssen, bevor das Passivkonzert eingesetzt werden kann. Die Informationen in Form von Mind Mapping festzuhalten begünstigt zudem die Herstellung von Assoziationen und Bildern, die sich später während des Passivkonzertes ins Gedächtnis einprägen. Das Passivkonzert besteht hauptsächlich darin, die Informationen in einem Zustand tiefer Entspannung zu empfangen, während der Atem angehalten wird und im Hintergrund Barockmusik in einem Tempo largo zu hören ist.

Dr. Lozanov benutzte einen 2-4-2-Rhythmus. Das heißt, dass man zwei Sekunden lang einatmet, vier Sekunden lang den Atem anhält, währenddessen die Information gelesen wird, und zwei Sekunden lang ausatmet. Meine langjährige Erfahrung scheint aber zu beweisen, dass der 4-8-4-Rhythmus genauso gute Ergebnisse, wenn nicht bessere, liefert. Hält man den Atem acht Sekunden lang an, kann man leichter Assoziationen bilden, mentale Bilder herstellen und die Informationen im Kopf wiederholen. Den Atem acht Sekunden lang anzuhalten kann möglicherweise für Leute mit geringem Lungenvolumen schwierig sein. In diesem Fall sollten Sie den Rhythmus benutzen, der Ihnen am geeignetsten erscheint.

Zur Vorbereitung des Passivkonzertes sollten Sie also die Informationen in Sätze von vier bzw. acht Sekunden einteilen. Lesen Sie dann die Sätze, während Sie den Atem anhalten. Wenn Sie allein arbeiten, können Sie die Sätze vorher auf Kassette aufnehmen und sie anschließend in einem Zustand tiefer Entspannung vor einem Hintergrund von Barockmusik anhören. Die Informationen sollen nach folgendem Schema gelesen oder aufgenommen und angehört werden:

	Einatmen (2 oder 4 Sek.)	Anhalten (4 oder 8 Sek.)	Ausatmen (2 oder 4 Sek.)
Aufnehmen	schweigen	Schlüsselbehauptungen lesen	schweigen
Zuhören	vorbereiten, rezeptiv sein	zuhören und visualisieren	im Kopf wiederholen

Wichtig ist, dass wir während des Passivkonzertes sowohl passiv als auch aktiv sind. Passiv in dem Sinne, dass wir weder über die Information nachdenken noch uns anstrengen sollten, uns an sie zu erinnern. Ein Großteil der in den Sätzen vermittelten Kenntnisse wird sozusagen unbewusst aufgenommen. Wir sollten aber trotzdem in dem Sinne aktiv sein, dass wir unserer Fantasie freien Lauf lassen, so dass Verbindungen und Assoziationen zwischen neuen Kenntnissen und Bildern, Symbolen oder Kenntnissen hergestellt werden, die schon in unserem Gedächtnis vorhanden oder fester Bestandteil unseres Wissens sind. Wir haben schon nachdrücklich darauf hingewiesen, wie wichtig es ist, Assoziationen durch Visualisierung und Fantasie herzustellen.

Nun möchte ich Ihnen erklären, wie alles, womit wir uns bisher beschäftigt haben, in der Praxis mit der Atmung kombiniert wird, um das Passivkonzert zu gestalten.

EINE SITZUNG SUPERLEARNING

1. Fassen Sie die zu speichernden Informationen in vier oder acht Sekunden lange Schlüsselsätze zusammen, die Sie in Abständen von vier oder acht Sekunden nach dem geschilderten Modell auf Kassette aufnehmen.

2. Nehmen Sie sich ein oder zwei Minuten Zeit und machen Sie einige Übungen zur Harmonisierung beider Gehirnhemisphären.

3. Hören Sie sich die Kassette an und lesen Sie dabei gleichzeitig den Text, so dass die Information zugleich durch auditive und visuelle Reize aufgenommen wird; verwenden Sie dabei die rhythmische Atmung. Falls Ihnen Bilder einfallen, halten Sie diese als Mind Mapping fest. Lassen Sie Ihrer Fantasie freien Lauf, lassen Sie Assoziationen auftauchen; kurz: Seien Sie mental aktiv.

4. Entspannen Sie sich dann tief. Sie sollen vollkommen entspannt sein, Ihr Geist jedoch hellwach bleiben. Ihr Gehirn befindet sich dann im α-Modus. Verwenden Sie eine der beiden im entsprechenden Kapitel beschriebenen Methoden. Wenn Sie sich immer wieder mit derselben Musik entspannen, wird es durch die so verursachte Konditionierung immer schneller gehen; und es wird Ihnen um so leichter fallen, wenn Sie dazu Barockmusik benutzen, die schon an sich in starkem Maße zur Entspannung beiträgt.

5. Bleiben Sie einige Minuten lang in tiefer Entspannung und wiederholen Sie im Kopf Sätze, die alle Gedanken vertreiben, die das Lernen als schwierig darstellen. Sagen Sie sich zum Beispiel: „Mein ganzes Lernvermögen drückt sich frei in Entspannung und Vergnügen aus." Visualisieren Sie sich, wie Sie glänzend, ja geradezu meisterhaft die zu erwerbenden Kenntnisse anwenden.

6. Schaffen Sie sich einen geistigen Raum, ein Gerüst, einen Gesamtkontext, in den Sie die abzuspeichernden Informationen einfügen.

7. Stellen Sie den Kassettenrecorder an und atmen Sie im geeigneten Rhythmus. Atmen Sie so, dass Sie die Luft anhalten, während Sie im Kopf die Sätze auf der Kassette mitsprechen. Vergessen Sie nicht, dass Sie beim Zuhören Ihrer Fantasie freien Lauf lassen sollen.

8. Nach dieser Sitzung sollten Sie sich an das erinnern, was wir bezüglich der Behaltenskurve festgestellt haben. Wiederholen Sie die erworbenen Kenntnisse einige Minuten nach der Sitzung, dann am nächsten Tag, dann eine Woche und schließlich einen Monat später. Falls Sie sich auf eine Prüfung vorbereiten, können Sie die Kassette aufbewahren und während der Wiederholungsphase auf sie zurückgreifen.

Man kann leicht berechnen, dass die Technik des Superlearnings die Beherrschung einer beträchtliche Menge Informationen in knapp neunzig Minuten ermöglicht, das heißt circa zwanzig Minuten für die Entspannung und die Visualisierung, vierzig Minuten für das Anhören der Kassette vor und während der Superlearning-Sitzung, zehn Minuten für die Wiederholung unmittelbar nach der Sitzung und ungefähr zwanzig Minuten für die Wiederholungen am nächsten Tag, nach einer Woche und nach einem Monat. Mit Hilfe einer zwanzigminütigen Aufnahme kann man circa hundert Schlüsselsätze durcharbeiten, die den Inhalt mehrerer Seiten Text zusammenfassen.

Nehmen wir zum Beispiel das Erlernen einer fremden Sprache: Gehen wir davon aus, dass die Alltagssprache, mit der man eine Tageszeitung lesen oder ein Gespräch führen kann, aus ungefähr zweitausend Wörtern besteht, man kann sie in weniger als vierundzwanzig Stunden lernen!

Arbeitet man allein, fällt es manchmal schwer den Text zu lesen, ihn in acht Sekunden lange Stücke aufzuteilen, ihn auf Kassette aufzunehmen und sich schließlich hinzusetzen, um ihn anzuhören. Mit der Zeit aber lernt und beherrscht man den Text schon, bevor man die Kassette überhaupt abspielt. Mit etwas Übung kann man dann die Technik des Superlearning folgendermaßen anwenden:

1. Stellen Sie Barockmusik im Hintergrund ein und versetzen Sie sich in einem Zustand vollständiger Entspannung;

2. Lesen Sie den zu lernenden Text und wiederholen Sie im Kopf die Schlüsselsätze, während Sie den Atem anhalten. In diesem Augenblick sollten Sie die Visualisierung intensiv benutzen;

3. Machen Sie sich Notizen in Form von Bildern und Schemata, so dass ihre rechte Hemisphäre in den Lernprozess verwickelt wird;

4. Wiederholen Sie das Gelernte am nächsten Tag, dann nach einer Woche und nach einem Monat.

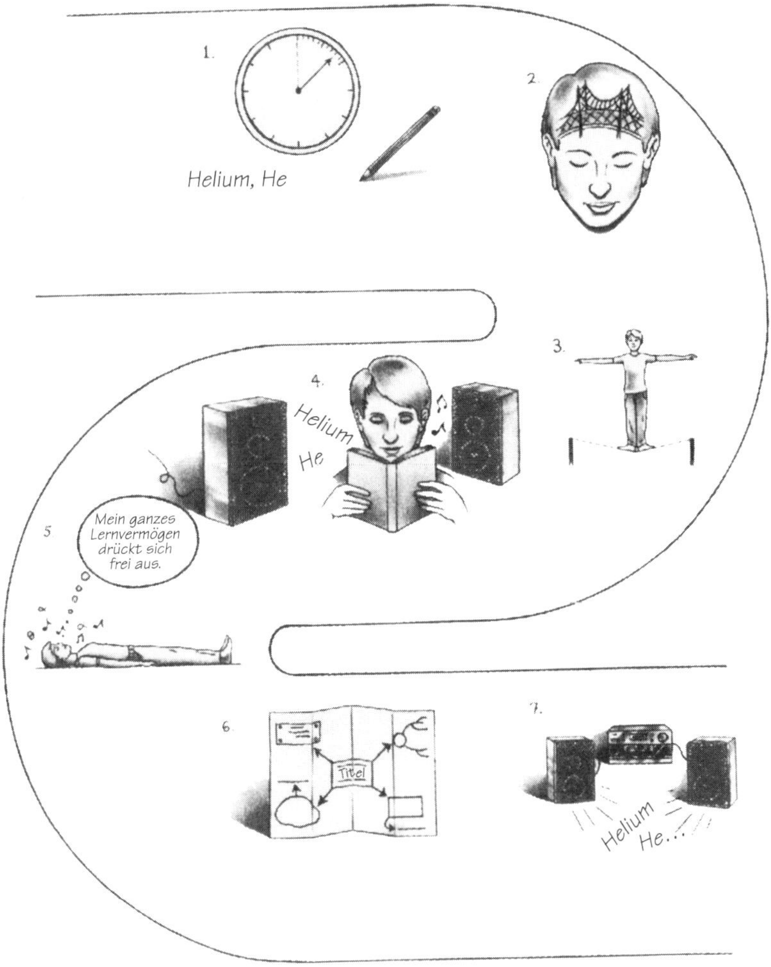

1. Unterteilen Sie die Information in acht Sekunden lange Sätze und nehmen Sie diese auf.
2. Harmonisieren Sie Ihre beiden Gehirnhälften.
3. Versuchen Sie, ein inneres Gleichgewicht herzustellen.
4. Hören Sie ein erstes Mal die Sätze, die Sie gleichzeitig lesen.
5. Entspannen Sie sich tief.
6. Schaffen Sie eine Mind Map oder einen Kontext, in den Sie die Information einfügen.
7. Lassen Sie entspannt die Bilder auftauchen und wiederholen Sie dabei die Sätze im Kopf.

Kapitel 11

SCHNELLES LESEN UND... INTELLIGENTES LESEN

Mit ungefähr sechs Jahren haben die meisten von uns lesen gelernt. Wir haben gelernt, Silbe für Silbe zu lesen, und seitdem sind wir nicht viel weiter gekommen, abgesehen davon, dass wir in bescheidenem Maße unsere Lesegeschwindigkeit erhöht haben. Wir lesen immer noch Wort für Wort und sprechen im Kopf jedes Wort aus, nur dass wir es nun schneller schaffen.

Unserer Lesehaltung haftet immer noch etwas Kindliches an. Wir schlagen ein Buch auf und lesen es von Anfang bis Ende. Nicht wir unterwerfen das Buch unseren Bedürfnissen, sondern es zwingt uns sozusagen seinen Rhythmus und seinen Inhalt auf. Dabei vergessen wir, dass, obwohl wir durch ein Buch neue Kenntnisse erlangen und uns über die Meinung eines Autors zu einem bestimmten Thema informieren können, es vor allem ein Werkzeug bleibt, das wir benutzen, um bestimmte relevante Auskünfte für den eigenen Bedarf einzuholen. Ein Buch darf uns nicht folgsam von der ersten bis zur letzten Seite führen. Es soll uns liefern, was wir wissen möchten. Soll uns dies gelingen, müssen wir intelligent lesen. In diesem Kapitel werden wir also methodische Schritte des schnellen Lesens und das, was ich das aktive oder intelligente Lesen nenne, untersuchen.

DAS SCHNELLE LESEN

Ein Durchschnittsleser liest 150 bis 300 Wörter pro Minute. Mit einigen Tricks und etwas Übung kann man diese Lesegeschwindigkeit verdoppeln. Mit einem ernsthaften und strengen Training kann man nicht selten 1 500 Wörter und mehr pro Minute lesen. Bei einem durchschnittlichen Buch von ungefähr 250 Seiten reduziert sich die Lesezeit dann auf weniger als eine Stunde!

Verdoppeln Sie Ihre Lesegeschwindigkeit

Seine Lesegeschwindigkeit zu verdoppeln, ist äußerst einfach. Beobachten Sie jemanden beim Lesen, stellen Sie fest, dass seine Augen sich von links nach rechts bewegen mit häufigen ruckartigen Bewegungen nach links. Bei einer einzigen Zeile kann man manchmal bis zu zehn dieser Rückwärtsbewegungen beobachten. Diese Bewegungen sind neurologisch gesehen ganz normal, dennoch sind sie, was das Lesen betrifft, überflüssig und stellen insofern einen Zeitverlust dar.

Will man von diesen Rückwärtsbewegungen wegkommen, reicht es, wenn man dem Auge einen Führer zuweist, wobei der Finger der beste ist. Sobald er führt, verfolgt das Auge geradlinig die Zeile. Probieren Sie es. Lesen Sie einen Text von circa 1 000 Wörtern, wie Sie es gewohnt sind, und messen Sie die Zeit. Suchen Sie dann eine andere Stelle gleicher Länge und lesen Sie diesmal, indem Sie jede Zeile mit dem Finger unterstreichen. Haben Sie ihre Lesegeschwindigkeit erhöht? Wahrscheinlich.

Verzehnfachen Sie Ihre Lesegeschwindigkeit

Will man aber die Lesegeschwindigkeit erheblich erhöhen, muss man sich einem ernsthafteren und strengeren Training unterziehen. Dieses Training findet auf drei Ebenen statt:

- Erhöhung der Beweglichkeit der Augenmuskulatur;
- Entwicklung des peripheren Sehens;
- Entwicklung des ideographischen Lesens.

Beweglichkeit der Augenmuskulatur

Wir haben uns schon mit der okulären Konvergenzschwäche beschäftigt. Sie müssen wissen, dass Sie nie ein hervorragender Schnelleser werden, wenn Sie unter Konvergenzschwäche leiden. Deshalb müssen Sie zuerst Ihre Augenbeweglichkeit vollkommen harmonisieren. Ist diese Schwäche einmal beseitigt, können Sie gegebenenfalls mit der ersten Etappe, der Erhöhung der Beweglichkeit der Augenmuskulatur, anfangen.

Die sechs Augenmuskeln gehören, gemessen an der Arbeit, die sie erledigen müssen, zu den kräftigsten des Körpers. Dennoch bleiben sie oft unterfordert, obwohl sie ihrer Arbeit durchaus gewachsen sind. Wenn wir nach links oder rechts schauen, drehen wir meistens den Kopf. Die Augen bewegen sich seitlich kaum in den Augenhöhlen; die Folge ist ein Mangel an Beweglichkeit der Augenmuskeln. Diese Beweglichkeit ist jedoch für eine gute Lesegeschwindigkeit unentbehrlich.

Nun stelle ich Ihnen eine einfache aber wirksame Übung zur Dehnung der Augenmuskulatur vor.

Setzen Sie sich bequem hin und schauen Sie so weit wie nur möglich nach oben und unten, nach rechts und links und nach

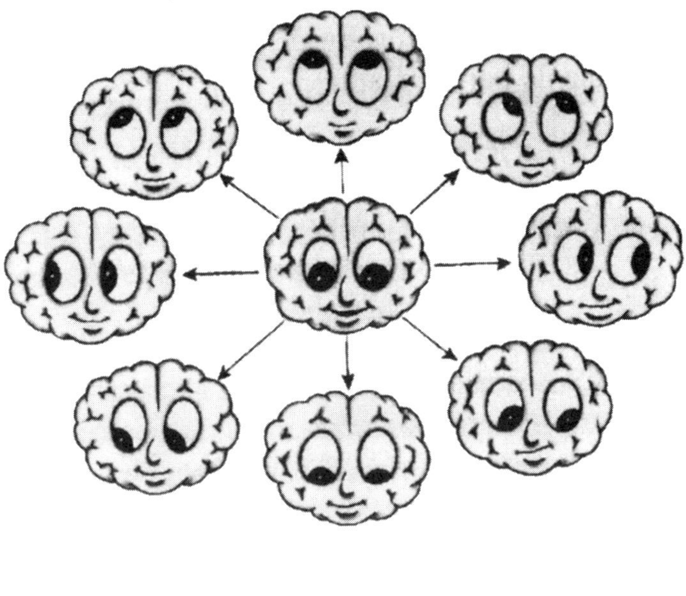

beiden Diagonalen. Halten Sie die Muskeln jeweils zehn Sekunden in jede Richtung gedehnt. Ist die Übung leicht schmerzhaft, kommt sie genau zum richtigen Zeitpunkt.

Machen Sie diese Dehnübung mehrmals am Tag, beim Aufstehen, während einer Pause oder beim Essen. Innerhalb von höchstens einer Woche werden die Augenmuskeln ganz beweglich. Sie müssen auch wissen, dass diese Dehnung der Augenmuskeln nicht nur das schnelle Lesen gut vorbereitet, sondern auch eine Migräne beseitigen kann, die Sie unter Umstände beim Lesen bekommen.

Entwicklung des peripheren Sehens

Die Netzhaut des Auges wird in zwei Bereiche unterteilt: das zentrale Gebiet, Fovea genannt, das das scharfe, binokulare Sehen ermöglicht, und das periphere Gebiet, das - wie der Name schon sagt, - das periphere Sehen gewährleistet.

Machen Sie folgende Übung: Bleiben Sie eine Zeit lang ruhig stehen und fixieren Sie einen einige Meter von Ihnen entfernten Punkt. Sie werden feststellen, dass Sie, während Sie weiterhin diesen Punkt fixieren, andere Gegenstände sehen und identifizieren können, die sich um Sie herum befinden. Nur durch dieses periphere Sehen können Sie diese Gegenstände wahrnehmen.

Fixieren Sie nun den Punkt in der Mitte des folgenden kurzen Textes und, während Sie diesen Punkt weiterhin fixieren, versuchen Sie, möglichst viele der um ihn stehenden Wörter zu lesen.

Das schnelle Lesen ist nicht das
Ergebnis einer schnelleren Bewegung der
Augen, sondern einer • geringeren Anzahl von
Fixierpunkten, gekoppelt mit einem
besseren peripheren Sehen.

Beim normalen Lesen fixiert man jedes Wort nacheinander und meistens spricht man es im Kopf aus. Im Gegensatz dazu gibt es beim schnellen Lesen nur zwei oder drei Fixierpunkte pro Zeile;

Leute, die sehr schnell lesen, können mit einem einzigen Fixierpunkt den Inhalt mehrerer Zeilen erfassen.

Das Auge sieht nur dann deutlich, wenn es unbeweglich ist. Schauen Sie sich jemanden genau an, der einen beweglichen Gegenstand mit dem Blick verfolgt; Sie stellen fest, dass die Augen nicht gleichmäßig der Bewegung folgen, sondern dass sie sich ruckartig mit kurzen Unterbrechungen bewegen, während derer sie bei Fixierpunkten den Bruchteil einer Sekunde lang unbeweglich verharren. Beim schnellen Leser also bewegen sich die Augen nicht schneller - sie sind im Gegenteil oft langsamer -, sondern die Anzahl der Fixierpunkte nimmt ab, das periphere Sehen aber gleichzeitig zu. Es gibt weniger Fixierpunkte, die dafür aber eine größere Fläche erfassen.

Unser Ziel ist es also, die periphere Sehschärfe zu erhöhen, so dass wir bei jedem Fixierpunkt eine große Anzahl von Wörtern sehen. So verringert man die Anzahl der Fixierpunkte, erhöht aber um so mehr die Lesegeschwindigkeit.

WIE KANN MAN DAS PERIPHERE SEHEN ENTWICKELN?

Als erste Übung fixieren Sie einen Punkt auf einer Mauer oder irgendwo im Raum und versuchen Sie, so viele Gegenstände wie möglich im Umfeld zu sehen. Wenn Sie auf dem Bürgersteig gehen, fixieren Sie einen Punkt in der Ferne oder einen fiktiven Punkt und bemühen Sie sich, die Plakate und Schilder um sich herum zu lesen, ohne den Blick vom ursprünglichen Punkt zu wenden. Nehmen Sie auf Ihrem Weg alle nahen oder fernen Gegenstände wahr. So können Sie täglich Ihr peripheres Sehen entwickeln, ohne dafür eine bestimmte Zeit opfern zu müssen.

Als zweite Übung fixieren Sie ein Wort in einem Text und versuchen Sie, so viele Wörter wie möglich zu sehen, ohne den Blick vom ursprünglichen Wort zu lassen. Üben Sie mit den unten abgebildeten Wortgruppen. Fixieren Sie das mittlere Wort und entziffern Sie nacheinander auf beiden Seiten das erste Wort oberhalb und unterhalb, dann das zweite und so weiter, wobei Sie unaufhörlich weiterhin das mittlere Wort fixieren.

Fad	Los	Maß	Pfau
Fallen	Lotus	Mahlen	Pfeifen
Fit	Lab	Mut	Pfad

Ober	Tick	Dom	Für
Ocker	Tiere	Dosen	Fratze
Ordnung	Tücken	Doppel	Frieren
Obst	Tür	Dann	Frack

Lang	Dach	Arm	Kür
Laufen	Daumen	Affe	Kappe
Lavieren	Dankbar	Achten	Kapseln
Lanze	Disco	Anden	Kurve
Lab	Darm	All	Kahl
Bord	Rahm	Nase	Pass
Böcke	Ränge	Narbe	Parka
Böschung	Rächen	Nebelig	Pastete
Bordüren	Risiko	Nervös	Passage
Bimsen	Raufen	Nackt	Pastor
Bahn	Rock	Neu	Pate

Elf	Vieh	Haar	Zug
Erle	Vierer	Hände	Zunft
Eltern	Vorstand	Hamster	Zurück
Elefant	Völkerball	Hasenfuß	Zuweisung
Elemente	Vogelnester	Haltbarkeit	Zugeständnis
Ellipse	Vonnöten	Hampeln	Zündstoff
Elster	Verbot	Hacken	Zuckung
Elch	Vers	Hals	Zu

Stau	Und	Gas
Stände	Ulkig	Gäste
Stolpern	Umwege	Garten
Stallwache	Uferlos	Galaxie
Strandkörbe	Utensilien	Galeristen
Streitigkeiten	Ursprünglich	Galoppieren
Stoffwechsel	Ultimatum	Gänsehaut
Störanfall	Umstände	Ganzheit
Stündlich	Undank	Garstig
Sturm	Urig	Garn
Star	Uhr	Gar

Jetzt ist es sicherlich klar geworden: Wenn Sie mit einem Fixierpunkt vier bis fünf Zeilen übereinander und mit zwei oder drei Fixierpunkten eine ganze Zeile in der Länge auf einmal lesen können, dann lesen Sie eine Durchschnittsseite von circa 300 Wörtern in weniger als zehn Sekunden; dies bedeutet, dass Sie ein durchschnittliches Buch von 300 Seiten in weniger als einer Stunde lesen können.

Kaufen Sie für die dritte Übung einen billigen Roman. Stellen Sie sicher, dass er wirklich langweilig ist, so dass Sie keinerlei Lust zum Lesen bekommen, denn dies würde den Übungsablauf stören.

Zeichnen Sie zwei oder drei senkrechte Linien und lesen Sie den Text, indem Sie bei jeder Zeile nur die Linien fixieren. So haben Sie bei jeder Zeile zwei oder drei Fixierpunkte. Versuchen Sie anfangs nur, jedes Wort zu entziffern, selbst wenn Sie vom Gesamttext nichts verstehen. Denken Sie daran, dass das Ziel einzig und allein darin besteht, Ihr peripheres Sehen zu entwickeln. Jetzt verstehen Sie, warum das langweiligste Buch am besten geeignet ist!

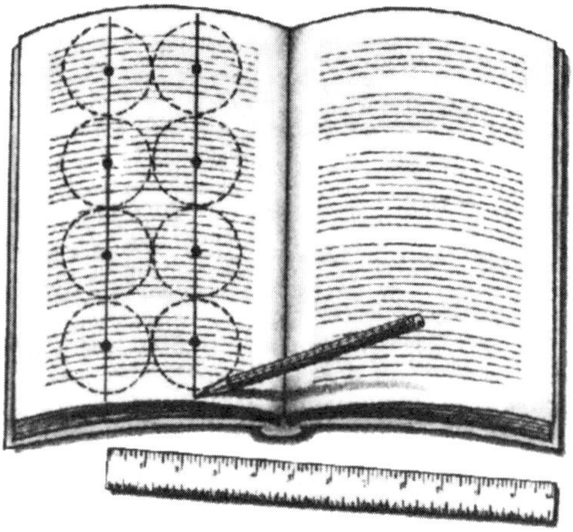

Üben Sie mit dem folgenden Text. Langsam, ohne besondere Anstrengung wird sich ein besseres Verständnis einstellen und nach einigen Wochen werden Sie überrascht sein, wenn Sie merken, dass Sie mit dieser Methode eine bessere Verständnis- und Behaltensquote erreichen als mit Ihrer bisherigen Lesegewohnheit.

Lesen Sie folgenden Text:

Ich möchte mich nicht unberechtigterweise in das Streitgespäch um den Vegetarismus einmischen, das heißt in die Frage, ob der Mensch fleischliche Nahrung wirklich braucht oder nicht, oder ob er seine Bedürfnissen voll und ganz befriedigen kann, ohne Fleisch zu verzehren. Die Geschichte beweist, dass der Mensch sich vollkommen, ja sogar zu seinem Vorteil mit vegetarischer Nahrung begnügen kann. Wenn Sie dies für unmöglich halten, leugnen Sie die Existenz solcher Völker wie die Hindus, die keinerlei Fleisch verzehren, oder solcher Menschen wie Pythagoras, Platon, Vergil, Leonardo da Vinci, Newton, Pascal, Jean-Jacques Rousseau, Benjamin Franklin, Washington, Lamartine, Kant, Henri-David Thoreau, Tolstoi, Gandhi und vieler anderer, die den Lauf der Geschichte geprägt haben. All diese Menschen haben eins gemeinsam: Sie waren Vegetarier. Zu behaupten, dass der Mensch nicht leben kann, wenn er Fleisch verzehrt, wäre indessen eine ebenso naive Negierung der Geschichte. In diesem Fall würde die Existenz des größten Teils der Menschheit geleugnet.

Aber kann man angesichts des physischen und psychischen Gesundheitszustands der Mehrheit der Menschen behaupten, dass die fleischliche Ernährung optimal für den Menschen ist?

Platon sagt, dass Vegetarismus eine der Hauptbedingungen ist, wenn man sich von den Zwängen der stofflichen Welt befreien will. Einer seiner Bewunderer, Porphyrios von Tyros, schrieb ein bewegendes Traktat über den Verzicht auf tierisches Fleisch.

Entwicklung des ideographischen Lesens

Die vorhin beschriebenen Übungen reichen an sich aus, um das ideographische Lesen zu entwickeln. Aber was genau versteht man unter ideographischem Lesen?

Lesen Sie die zwei folgenden Wörter:

Bracanh, Nachbar

Welches Wort haben Sie schneller gelesen? „Nachbar" wahrscheinlich.

Beide Wörter bestehen aber aus den gleichen Buchstaben. Der einzige Unterschied liegt darin, dass Sie dem Wort „Nachbar" bereits begegnet sind. Sie brauchen nicht jeden Buchstaben zu entziffern, um das Wort zu erkennen, sie erkennen es ungefähr wie ein Zeichen, ein Piktogramm. Genauso verhält es sich bei diesem Wort:

Wahrscheinlich erkennen Sie das Wort „Nachbar“; dennoch sind

hier keine Buchstaben zu sehen, sondern nur Striche, die das Wort „Nachbar“ hervorrufen.

Wir sind also fähig, Wörter zu lesen, nicht indem wir sie entziffern, sondern indem wir sie morphologisch erkennen. Früher waren wir es gewohnt, auditiv zu lesen, das heißt, wir haben jedes Wort im Kopf ausgesprochen. Jetzt üben wir das rein visuelle Lesen. Wie Sie feststellen werden, ist dies wahrscheinlich das größte Problem: Wir müssen ankämpfen gegen das auditive Lesen, diese alte Gewohnheit aus den Anfängen des Lesenlernens.

Die Methode ist dennoch einfach zu erlernen, Sie müssen nur intensiv, regelmäßig und ausdauernd üben. Um Ihr ideographisches oder rein visuelles Lesen zu entwickeln, nehmen Sie nun erneut das langweilige Buch zur Hand und lesen Sie es wie vorhin beschrieben; zählen Sie diesmal aber gleichzeitig im Kopf. Wenn Sie zählen, können Sie unmöglich die Wörter im Kopf aussprechen.

Auch diesmal werden Sie anfänglich nur wenig verstehen. Versuchen Sie nur, jedes der Wörter genau zu **erkennen**. Allmählich werden Sie ein besseres Verständnis des Textes erreichen und feststellen, dass das visuelle Lesen entspannend und - zugegeben nach anfänglichen großen Anstrengungen - viel leichter ist als das auditive Lesen.

Sind Ihre Augenmuskeln erst einmal wirklich beweglich, Ihr peripheres Sehen scharf und Ihr Kopf stumm, während Sie lesen, können Sie anfangen, das schnelle Lesen zu üben.

Sie müssen immer im Auge behalten, dass ein Buch bloß ein Werkzeug und das Lesen nur ein Mittel ist. Ziel ist nicht, ein Buch so schnell wie nur möglich zu lesen, sondern die Lesegeschwindigkeit dem Schwierigkeitsgrad des Textes und der Relevanz des Informationsgehalts der jeweiligen Stellen anzupassen. Manchmal überfliegen Sie alles, manchmal lesen Sie langsamer, wenn es um neue Begriffe oder ungewöhnliche Wörter geht; befinden Sie sich auf bekanntem Gebiet, lesen Sie schnell und selektiv; ist das Thema irrelevant, überspringen Sie einfach mehrere Seiten. Aber selbst wenn Sie 1200 Wörter pro Minute lesen, werden Sie den Text gut verstehen.

Sie müssen einen sehr flexiblen Leserhythmus annehmen, in etwa so wie er gleich beschrieben wird. Am Absatzanfang, dort, wo in der Regel der Hauptgedanke erklärt wird, muss Ihr Leserhythmus langsamer sein, haben Sie diesen Gedanken erfasst, können Sie das Lesetempo beschleunigen, ohne dass Sie wichtige Informationen verpassen.

Beachten Sie, dass die Linie auf der oben abgebildeten Zeichnung nicht die Bewegung des Auges, sondern die Fingerbewegung zeigt. Denken Sie daran, dass das Auge unbeweglich sein muss, um gut sehen zu können; so soll es nicht dieser Linie folgen, sondern einige wenige Punkte fixieren, dank derer es den gesamten Text erfassen kann.

Je bekannter das Thema eines Textes ist, desto schneller sollten Sie lesen. Das kurze Verweilen am Absatzanfang erlaubt Ihnen, sich mit dem Inhalt jedes Absatzes vertraut zu machen. Wir können es nicht oft genug wiederholen: Ein Buch ist bloß ein Werkzeug, das wir sehr flexibel handhaben sollen.

Lesen Sie den folgenden Text:

Bevor die Brücke zwischen Orient und Okzident gebaut wurde und bevor der Orient der westlichen Welt gegenüber seine vielfältigen Reichtümer präsentiert hat, wurde der Vegetarismus mit Armut gleichgesetzt. Zu allen Zeiten jedoch erfreute sich der Vegetarismus eifriger Befürworter. Wir brauchen nur die Geschichte kurz Revue passieren zu lassen, um festzustellen, dass er immer zahlreiche Anhänger zählte und in mancherlei Hinsicht von vielen Persönlichkeiten geschätzt wurde, die unser Schicksal bestimmt haben.

Dieser Text besteht aus 70 Wörtern. Lesen Sie nun denselben Text, der diesmal aber nur aus den 23 Schlüsselwörter besteht:

Bevor Brücke zwischen Orient und Okzident [...] Vegetarismus mit Armut gleichgesetzt [...]Befürworter [...] immer zahlreiche Anhänger [...] von vielen derer geschätzt, die unser Schicksal bestimmt haben.

Haben Sie weniger verstanden?

Ein Text ist erst dann angenehm, wenn er vollständig ist. Dennoch ist vieles, was die Information betrifft, überflüssig, und manche Wörter erweisen sich als unnötig. Anfangs entwickelt man nicht selten ein Schuldgefühl, wenn man nicht jedes einzelne Wort liest. Sie werden aber schnell feststellen, dass Sie nicht nur gut verstehen, wenn Sie einige Wörter überspringen, sondern sogar besser. Häuft man eine Menge Informationen in einer kürzeren Zeit an, begünstigt dies die Verbindungen und Assoziationen und verschafft einen besseren Gesamtüberblick über das behandelte Thema.

Machen wir nun aber einen Einschnitt und gehen allmählich zu dem über, was ich das intelligente Lesen nenne. Da wir jetzt das schnelle Lesen beherrschen, können wir uns der Frage zuwenden, wie man ein Buch liest.

DAS INTELLIGENTE LESEN

Als wir die Mnemotechnik und das assoziative Gedächtnis untersuchten, haben wir schon erwähnt, wie wichtig es ist, einen Gesamtüberblick über ein Thema gewonnen zu haben, bevor man anfängt, es zu vertiefen. Das intelligente Lesen beruht unter anderem auf diesem Grundgedanken.

Unsere Zeit ist viel zu kostbar, als sie damit zu verschwenden, Dinge zu lesen, die uns nichts nützen, oder zweimal dasselbe Buch zu lesen, weil wir uns nach dem ersten Mal nur an wenig erinnern. Wie liest man denn nun ein Buch, um das Wesentliche und so viel wie möglich daraus zu ziehen?

Das Lesen eines Buches besteht aus vier Etappen: erstens das Überfliegen, zweitens das Vor-Lesen, drittens das Lesen, viertens das Nach-Lesen.

Das Überfliegen

Beim Überfliegen des Buches sollten Sie aus ihm alle Informationen herausfiltern, mit deren Hilfe man das Werk einordnen und sich ein Gesamtbild, ein mentales Netz herstellen kann.

Zuerst der Titel: Sie werden einwenden, das sei doch selbstverständlich. Können Sie aber den Titel der drei letzten Bücher nennen, die Sie gelesen haben? Oder nur von dem Buch, das Sie gerade lesen?

Ein guter Titel gibt zahlreiche Auskünfte über den Inhalt des Buches und ist auch eine gute mnemotechnische Hilfe. Ob er ironisch, metaphorisch oder provokatorisch ist oder ganz einfach neutral und beschreibend, der Titel bleibt - in Hinblick auf die Person des Autors und die Art, sein Thema zu behandeln - immer aufschlussreich. Ist er mit Standard- oder Designerbuchstaben geschrieben oder kursiv gesetzt? Auch dies sagt viel aus über die geistige Aufgeschlossenheit, den Konformismus oder die Oberflächlichkeit des Autors. Wir sollten freilich ein Buch nicht einzig und allein aufgrund seines Titels beurteilen; wenn wir uns aber nur einige Sekunden mit ihm beschäftigen, können wir uns schon dadurch später Zeit ersparen. In **welchem Jahr** wurde das Werk geschrieben? Sie werden ein Buch über die Verfassung Kanadas anders lesen, je nachdem, ob es 1993 oder 1963 geschrieben wurde; oder ein Buch über die Situation der Frau, das aus den sechziger Jahren stammt, denn die Lage hat sich seitdem grundlegend geändert; oder ein Buch, das den Beginn des Christentums behandelt, wenn es vor der Entdeckung der Schriftrollen vom Toten Meer geschrieben wurde; oder auch ein wissenschaftliches Buch über Spitzentechnologien, wenn es älter als fünf Jahre ist usw.

Werfen Sie dann einen Blick auf das **Inhaltsverzeichnis**. Wenn Sie es überfliegen, erfassen Sie die vom Autor behandelten Themen und können so das ganze Buch in einen Gesamtkontext einordnen.

Handelt es sich um ein Geschichtsbuch? Um welche Epoche geht es? Welches Gebiet wird darin erfasst? Welche Themen werden angesprochen? Kann man die Meinung des Autors bereits erahnen? Lässt sich ein Leitfaden, ein Grundgedanke erkennen?

Handelt es sich um ein Philosophiebuch? Worüber wird darin gesprochen? Über die Geschichte der Philosophie? Über einen bestimmten Philosophen? Über die Entwicklung des philosophischen Denkens eines Autors? Ist der Gedankengang des Buches schlüssig und kann man herausfinden, was der Autor beweisen oder zeigen will? Usw.

Falls Ihnen das Buch im Hinblick auf Ihre Arbeit nützlich scheint, bietet es sich in dieser Arbeitsphase an, die angesprochenen Themen zu begrenzen und eine Mind Map vorzubereiten, wie es im Kapitel *Das Mind Mapping* gezeigt wurde.

Beenden Sie diese Lesephase, indem Sie das Buch flüchtig durchblättern, um einige aussagekräftige Informationen zu sammeln. Interessant ist zum Beispiel die Widmung: Die darin durchschimmernde Ideologie oder die Person, der die Widmung gilt, sagt einiges über den Autor aus.

Verweilen Sie einige Zeit bei den Schemata oder Bildern und lesen Sie deren Beschriftungen. Heißt es nicht, ein Bild sage mehr als tausend Worte? Sind die behandelten Begriffe durch Fotos, Zeichnungen, Schemata und Grafiken treffend illustriert, wird Ihnen eine ausgezeichnete Vorstellung von dem Buch vermittelt, und dies wird Ihnen das Lesen stark erleichtern. Beim Lesen entsteht dann der Eindruck, man würde alles schon kennen. Verlieren Sie aber nicht zu viel Zeit mit dem Überfliegen. Es soll Ihnen nur das Werk vertraut machen und Ihnen eine Idee vom Inhalt und der Art geben, wie der Stoff behandelt wird. Das Verständnis und das Behalten werden dadurch stark verbessert.

Das Vor-Lesen

Haben Sie das Werk überflogen, lesen Sie es auszugsweise. Sie werden feststellen, dass der Hauptgedanke eines Absatzes sehr oft im ersten Satz ausgedrückt wird und der eines Kapitels im ersten oder in den ersten Absätzen. Danach folgt nur noch die Ausführung. Dies trifft besonders oft bei Zeitungs- oder Zeitschriftenartikeln zu.

Das Vor-Lesen besteht also darin, dass Sie die ersten zwei oder drei Absätze jedes Kapitels lesen, bis Sie das Thema hinreichend erfasst haben. Manchmal reichen einige Zeilen aus. Lesen Sie deshalb zuerst die zwei oder drei ersten Absätze der Einleitung. Lesen Sie also nur so viel, bis Sie begreifen, welchen Ausgangspunkt der Autor gewählt hat und wie er sein Thema behandeln will. Lesen Sie dann die ersten Absätze des Schlusswortes. So haben Sie Ausgangspunkt und Ziel erfasst; Sie wissen, von wo der Autor ausgeht und wo er hin will. Lesen Sie dann die ersten Absätze jedes Kapitels. Während dieses Vor-Lesens unterstreichen Sie nichts im Buch und versehen Sie es auch nicht mit Randbemerkungen. Denn das, was Ihnen zunächst wichtig und relevant erscheint, erweist sich bei gründlicherer Lektüre sehr oft als nebensächlich.

Ziel des Vor-Lesens ist:

- weiter als beim Überfliegen zu gehen, so dass man ein Gesamtbild des Buches bekommt und sieht, wie der Autor sein Thema behandelt;

- sich kurz mit dem Inhalt vertraut zu machen, so dass das weitere Lesen auf bekanntem Gebiet erfolgen und man ein Gesamtnetz erstellen kann, das Assoziationen und Bilder begünstigt;
- zu beurteilen, ob es sich lohnt, das Buch zu lesen; zu entscheiden, ob der Inhalt Ihnen möglicherweise relevante Informationen bringen kann.

Sie werden überrascht feststellen, dass ein kurzes Vor-Lesen das Wesentliche aus einem Buch herausfiltert und dass das vollständige Lesen kaum mehr erschließt. Diese Stufe stellt einen beträchtlichen Zeitgewinn dar, wenn Sie sich auf eine Prüfung oder eine Arbeit vorbereiten. Entdecken Sie durch das Vor-Lesen, dass das Buch nicht der Vorstellung entspricht, die Sie sich aufgrund des Titels gemacht haben, ersparen Sie sich zudem einige Stunden Lesezeit. Aber umgekehrt, wenn Sie durch das Vor-Lesen Lust auf das Buch bekommen haben, dann fangen Sie unverzüglich an, dieses Werk zu lesen.

Das Lesen

Lange habe ich Bücher als etwas Heiliges betrachtet. Ich knickte sie nie vollständig auf, um sie nicht zu beschädigen. Nie habe ich etwas in ein Buch hineingeschrieben, und wenn es unbedingt sein musste, dann immer nur mit Bleistift und so blass, dass es kaum lesbar war. An der Universität gab mir dann eine Freundin eines Tages ein Buch, das über und über mit Notizen in allen Farben und Schattierungen bedeckt, überall unterstrichen und mit mehreren Eselsohren versehen war. Meine spontane Reaktion: „Wie respektlos wurde da mit einem Buch umgegangen!" Sie erwiderte genauso prompt: „Was zählt, ist der Inhalt, der Rest ist bloß schnödes Papier." Mit nur einigen Worten hatte sie meinen bis dahin unveränderlichen Respekt für alles Gedruckte entzwei- geschlagen. Innerhalb weniger Sekunden wurde mir meine kindliche Haltung Büchern gegenüber bewusst. Seitdem wird jedes Buch, das ich lese, zu einer regelrechten Arbeitsstelle.

Ich wiederhole es noch einmal, und immer und immer wieder: Ein Buch ist ein Arbeitswerkzeug und es ist alles erlaubt, was uns hilft, daraus so viele Informationen wie nur möglich zu ziehen. Während des Lesens sollen Sie unterstreichen, Notizen und Randbemerkungen machen.

Wenden Sie während des Lesens auch das an, was wir über das schnelle Lesen gesagt haben. Wenn Sie gut vor-gelesen haben, wird Ihre Lesegeschwindigkeit um so höher sein. Beschleunigen Sie das Lesen, wenn der Autor Themen anspricht, die Sie schon kennen oder die für Sie irrelevant oder unnütz sind, und verlangsamen Sie das Lesen, wenn eine Stelle größere Aufmerksamkeit erfordert.

Haben Sie beim Lesen einer schwierigeren Stelle den Eindruck, Sie hätten den Sinn nicht ganz begriffen oder bestimmte Informationen seien Ihnen entgangen, dann schreiben Sie eine Notiz an den Rand und knicken Sie die Ecke um; Sie werden sich dann beim Nach-Lesen näher damit befassen. Sie werden bemerken, dass die der betreffenden Stelle folgenden Zeilen oft das erhellen, was vorher unklar schien.

Lesen Sie das ganze Buch auf diese Art. Es ist selbstverständlich mehr als erlaubt, Stellen, ja sogar ganze Kapitel vollständig zu überspringen, wenn sie für Sie irrelevant sind. Sie sind der Chef!

Gehen Sie sparsam mit Bleistift oder Textmarker um, unterstreichen Sie nicht zu viel, so wie es einige tun, bei denen man den Eindruck hat, sie hätten besser nur den Titel unterstrichen und ansonsten ihren Stift geschont! Innerhalb der Absätze unterstreichen Sie nur die Schlüsselwörter oder die Ausdrücke, die mnemotechnisch gesehen relevant und wertvoll sind. Sollten Sie einen ganzen Absatz unterstreichen wollen, ziehen Sie nur einen senkrechten Strich an den Rand. Vergessen Sie niemals, dass das Ziel des Unterstreichens nur darin besteht, bei der Wiederholung das Wesentliche hervorzuheben. Unterstreichen Sie nicht nach Lust und Laune oder aus Begeisterung darüber, dass der Autor genau so denkt wie Sie. Dies erschwert nur die Wiederholung und das Nach-Lesen. Unterstreichen Sie ungefähr so, als würden Sie bestimmte Stellen herausnehmen und damit ein neues Buch nur für sich selbst schreiben.

Machen Sie auch ruhig Notizen an den Rand sowie oben und unten auf den Seiten. Notizen im Mind-Mapping-Stil ermöglichen es Ihnen zum Beispiel, schnell bestimmte Stellen wieder ausfindig zu machen, und sie stellen zusätzlich ein interessantes mnemotechnisches Hilfsmittel dar. Diese Notizen können mit eigenen Worten den Inhalt eines Absatzes oder einer Seite zusammenfassen, eine Verbindung zu einer vorher gelesenen Information oder zu bestimmten eigenen Kenntnissen herstellen. Es funktioniert wie eine Unterhaltung mit dem Buch, als würden Sie sich das Buch aneignen. Dies nennt man das **aktive Lesen**. Diese Art zu lesen steigert die spätere Erinnerung an das Gelesene gewaltig.

Ich wiederhole es noch einmal: Unterstreichen Sie und versehen Sie nur das mit Anmerkungen, was es Ihnen ermöglicht, den Leitfaden der Gedanken oder wichtige Zusatzinformationen wiederzufinden, die Sie bei der Wiederholung benötigen werden. Jede Übertreibung in dieser Hinsicht erschwert nur Ihre Wiederholung und Ihr Nach-Lesen.

Behalten Sie schließlich im Auge, dass sich unsere Schwierigkeiten oder „Wissenslücken“ mit der Zeit verschieben und dass das, was Sie heute unterstreichen, in einigen Wochen womöglich nebensächlich oder gar nutzlos sein kann. Versehen Sie deshalb Ihre Notizen mit einer zeitlichen Referenzgröße wie zum Beispiel der Verwendung von Farben: blaue Notizen und Markierungen beim ersten Lesen; grüne für das, was bei der Wiederholung noch nicht ganz fest im Gedächtnis verankert ist oder was Sie nicht vollkommen verstanden haben. Bei der Vorbereitung auf eine Prüfung verwenden Sie rot für Notizen und Markierungen in den Fällen, wo noch Probleme bestehen. Das sind dann die einzigen Stellen, bei denen Sie nachhaken und für die Sie Zeit investieren, ja vielleicht sogar Ihren Lehrer zu Rate ziehen müssen. So sparen Sie aber beträchtlich viel Zeit.

Wollen Sie den Inhalt eines Buches zusammenfassen oder eine Arbeit darüber schreiben, lassen Sie Ihrer Inspiration freien Lauf, halten Sie alle Ideen fest, die Ihnen beim Lesen einer Stelle spontan einfallen und Bestandteil Ihrer Arbeit werden können. Lesen wir etwas über ein bestimmtes Thema, fällt uns oft das wieder ein, was wir schon darüber wussten, und dies bringt uns auf Ideen, wie wir die Frage behandeln sollen.

Möchten Sie die gerade gelesene Stelle zitieren, unterstreichen Sie diese mit einer speziellen Farbe und lesen Sie weiter. Zum Schluss brauchen Sie diese Zitate nur noch abzuschreiben; Sie können sie dann unverändert verwenden oder sich von ihnen beim eigenen Schreiben inspirieren lassen. Wenn Sie mehrere Bücher lesen, stoßen Sie auf eine ganze Reihe von Zitaten und Stellen, in denen genau die Hauptgedanken enthalten sind, die Sie selbst ausdrücken wollen. Sie können sie nach Themen ordnen und sie benutzen, um Ihre eigene Gedankenführung aufzubauen. So schaffen Sie eine hochqualifizierte Synthesearbeit.

Das Nach-Lesen

Diese Arbeitsphase ist nicht immer erforderlich. Haben Sie beim Lesen den Inhalt des Buches wirklich gut begriffen, ist das Nach-Lesen überflüssig. Dieses besteht darin, dass Sie sich mit den wichtigsten und zentralen Stellen noch einmal beschäftigen, denjenigen, die Schlüsselwörter des Buches enthalten. Ebenfalls sehr nützliche ist es - wir erinnern uns an die Behaltenskurve -, ein erstes Mal schnell zu wiederholen und das im Gedächtnis zu fixieren, was wir von diesem Werk behalten sollen.

Wenn Sie schnelles und intelligentes Lesen zusammen verwenden, sparen Sie nicht nur kostbare Zeit, sondern erhöhen auch in erstaunlichem Maße Ihr Verständnis und Ihr Behalten. Vergessen Sie nie: Ein Buch ist ein Wunder an Reichtümern, es ist aber trotzdem ein Arbeitswerkzeug!

Kapitel 12

ERNÄHRUNG UND LERNEN

Manch einer gibt gerne zu, dass sowohl theoretisch als auch vom gesunden Menschenverstand her gesehen eine gesunde und ausgewogene Ernährung die Kopfarbeit und das Lernen begünstigt. Was wissen wir aber praktisch über den Zusammenhang zwischen Ernährung und intellektuellen Leistungen?

Werfen wir einen kurzen Blick in die verschiedenen Forschungen auf dem Gebiet der Ernährungswissenschaft, um das Problem zu umreißen. Die meisten dieser Forschungsarbeiten, von denen einige aus den siebziger Jahren stammen, wurden mit Kindern durchgeführt, denn im festen schulischen Rahmen fällt die Auswertung der Untersuchungsergebnisse leichter. Mehrere Schlussfolgerungen lassen sich jedoch ohne weiteres auf die Erwachsenen übertragen.

Erstens führt ein Mangel an Kalorien und Eiweiß beim Säugling zu gewissen Retardierungserscheinungen im intellektuellen Bereich, während er heranwächst. Diese Entwicklungsrückstände können zwar mit Hilfe einer besseren Ernährung ein wenig aufgeholt werden, der normale Zustand wird jedoch nie erreicht. Man kann dies leicht verstehen, wenn man weiß, dass bei der Geburt das Gehirn noch nicht ganz entwickelt ist und der Körper sich in einer Phase starken Wachstums befindet. Ein Eiweißmangel verhindert die Entwicklung des Nervensystems und des ganzen Körpers. Bei Kindern, die Konzentrationsschwächen zeigen, entdeckt man auch häufig einen Eisenmangel. Da diese Kinder trotzdem einen normalen

Intelligenzquotienten besitzen, scheint die Konzentrationsschwäche in diesem Fall von dem durch die Anämie verursachten Energiemangel herzurühren; die Anämie wiederum wird durch Eisenmangel ausgelöst. Wird der Eisenmangel beseitigt, bildet sich die Anämie zurück und die Situation verbessert sich merklich, die Konzentration des Kindes bleibt aber dennoch immer unterhalb des Niveaus, das als normal betrachtet wird. Deshalb sollte man unbedingt diese Art Mängel vermeiden.

Bleiben wir bei den Kindern: Für sie ist das Frühstück eine Grundvoraussetzung für Konzentration und Aufmerksamkeit. Unter den Kindern mit Schulproblemen finden sich viele, die kein Frühstück zu sich nehmen. Langsamkeit bei Problemlösungen, Konzentrationsmangel, ein schwächeres Kurzzeitgedächtnis und höhere Aggressivität werden damit in Verbindung gebracht.

Das Frühstücks-Problem stellt sich eher für die Kinder als für die Erwachsenen. In der Tat „funktionieren" zahlreiche Erwachsene nicht nur besser ohne Frühstück, sondern einige fasten sogar, um ihre Konzentration zu erhöhen und ihre intellektuelle Arbeit zu fördern. Für manche ist das Fasten ein ausgezeichnetes Mittel, sich auf Schreiben oder Lernen vorzubereiten. Es verhält sich ungefähr so, als würde die ganze Energie, die sonst für die Verdauungsarbeit verbraucht wird, dem Gehirn zur Verfügung stehen.

Es wäre unpassend, hier ausschweifend über das Fasten zu reden, ich möchte dennoch erwähnen, dass die oft angeführte Gleichung „Nahrungszufuhr gleich Energiezufuhr gleich (folglich) bessere Konzentration" nicht immer stimmt. Der Fall der Kohlehydrate ist hier ein gutes Beispiel. Jeder weiß, dass das Gehirn sich hauptsächlich von einfachen Kohlehydraten (Monosacchariden) ernährt, unter anderem Glucose. Nimmt man aber einfache Kohlehydrate zu sich, verbessert dies keineswegs die Konzentration und die intellektuelle Arbeit, sondern das Gegenteil trifft ein. Mehrere Forschungsarbeiten haben bewiesen, dass eine starke Zuckerzufuhr beim Kind eine große physische Aktivität begünstigt, die sich manchmal bis zur Hyperaktivität steigert, was wiederum zum Nachlassen der Aufmerksamkeit und zu stärkerer geistiger Abwesenheit führt. Bei Kindern, die Lernstörungen haben, stellt man auch einen erhöhten Verzehr von Zucker fest.

Die Verbindung zwischen dem Verzehr einfacher Kohlehydrate einerseits und erhöhter Aktivität und Konzentrationsschwäche andererseits ist physiologisch genau erforscht. Da die einfachen Kohlehydrate nicht verdaut zu werden brauchen, gelangen sie sofort ins Blut. Diese Erhöhung des Blutzuckers zieht eine massive Produktion von Insulin nach sich, die wiederum nach einem rasch verfliegenden Gefühl von Kraft und Stärke Hypoglykämie und damit einhergehend Schläfrigkeit verursacht und sowohl die Aufmerksamkeit wie auch die Konzentration senkt. Fragen Sie einen beliebigen Grundschullehrer, in welchem Zustand sich die Kinder am Tag nach einer Geburtstagsfeier befinden, und Sie werden erfahren, wie stark der Verzehr von Zucker das Verhalten beeinflussen kann.

Diese physiologische Kettenreaktion findet jedoch nicht statt, wenn man polymere Kohlehydrate (Oligosaccharide und Polysaccharide) zu sich nimmt, wie man sie in Getreiden, Obst und Gemüse, Algen oder Nudeln findet. Diese Kohlehydrate müssen verdaut werden, und da dies einige Zeit dauert, gelangen sie also langsam ins Blut. Anstatt einer starken und schnellen Erhöhung des Zuckergehalts ergibt sich eine mäßigere, aber länger anhaltende Erhöhung des Zuckerspiegels. Das Gefühl von Kraft und Stärke ist also geringer, aber länger anhaltend, und die Entstehung von Hypoglykämie wird verhindert. Zusammenfassend lässt sich sagen, dass man es, obwohl das Gehirn sich mit einfachen Kohlehydraten ernährt, dem Körper überlassen muss, die polymeren Kohlehydrate in den Metabolismus zu integrieren, indem er sie verdaut und sie nur langsam und in geringen Mengen dem Gehirn zur Verfügung stellt. Verzehren Sie deshalb lieber Obst und Gemüse statt Schokolade und Kuchen, lieber natürliche Säfte als Säfte aus Konzentrat.

Vor kurzem haben Forschungen des Instituts für Ernährungswissenschaft der Universität von Montreal (Quebec, Kanada) in Zusammenarbeit mit dem Schulausschuss der Île de Montréal die Auswirkungen des Mangels bestimmter Vitamine auf die Schulleistungen nachgewiesen[8]. Prinzipiell beobachtet man bei Kindern, die Schwierigkeiten in Mathematik und Sprachen haben, einen Mangel an Eiweiß, Vitamin D, Calcium, Phosphor und Magnesium sowie eine Neigung zum Mangel an Kalium, Zink und **Folsäure**. Kinder mit Verhaltensstörungen wie Rastlosigkeit, Aufmerksamkeitsproblemen, Konzentrationsschwächen während der Arbeit und Müdigkeit weisen im Allgemeinen einen Mangel an Vitamin B, unter anderem Pyridoxin (B6), an Calcium, Kalium und Magnesium auf. Diese Forschungsarbeiten haben bestätigt, was über den Zuckerverzehr und den Einfluss des Frühstücks bei Kindern schon bekannt war. Angesichts dieser Ergebnisse stellt sich die Frage: Wie können wir diese Mängel beseitigen und dem Körper das, was er benötigt, zur Verfügung stellen, um optimale intellektuelle Leistungen zu vollbringen?

Offensichtlich muss man sich vor allem für eine ausgewogene Ernährung entscheiden, die dem Organismus all das zuführt, was er braucht. So sollte man die Quellen einfacher Kohlehydrate wie Weißzucker, Liköre, Kuchen, Süßigkeiten vermeiden und den Schwerpunkt auf Obst, Gemüse und Getreide legen. Milchprodukte gelten schon aus epidemiologischer Sicht als unentbehrlich für die Kinder.

Aufgrund der immer schlechteren Qualität der auf dem Markt befindlichen Nahrungsmittel ist es oft trotz einer ausgewogenen und gesunden Ernährung notwendig, der normalen Nahrung Vitamin- und Mineralzusätze zuzuführen. Man kann Vitaminpräparate oder Pflanzenextrakte benutzen, die dem Körper sozusagen alles geben, was er braucht. Diese Zusätze sind in jedem Naturwarenladen zu finden. Mehrere Fakten verleiten uns dennoch dazu - obwohl es umstritten ist -, am Ernährungswert dieser synthetischen oder chemisch isolierten Zusätze zu zweifeln. Befassen wir uns deshalb mit zwei Wundern der Natur, die nur darauf warten, dass man sie ohne weitere Zubereitung zu sich nimmt: die Blaualgen und die Pollen.

Die Blaualgen

Süßwasseralgen und insbesondere Blaualgen sind für ihren hohen Gehalt an Mineralstoffen, unter anderem Calcium, Eisen, Magnesium, Mangan, Phosphor, Selenium, Kalium und Zink bekannt; alle diese Elemente sind unentbehrlich, wenn das Nervensystem störungsfrei funktionieren soll. Die Algen beinhalten auch viel Karotin, auch Provitamin A genannt, ebenso beträchtliche Mengen an Vitaminen der B-Gruppe und dem Steroid, das unter Einfluss von Sonnenstrahlen zu Vitamin D umgewandelt wird. Blaualgen sind zudem das einzige Nahrungsmittel pflanzlicher Herkunft, das alle essentiellen Aminosäuren - das heißt solche, die der Körper nicht selbst produzieren kann - in dem Verhältnis enthält, das demjenigen des menschlichen Körpers entspricht. Mehrere dieser Aminosäuren sorgen bekanntlich für ein ausgewogenes Funktionieren des Nervensystems. Abgesehen von dieser auf der chemischen Struktur der Blaualgen basierenden theoretischen Betrachtungsweise sind die Blaualgen dafür bekannt, dass sie die Konzentration fördern und die intellektuelle Arbeit unterstützen.

Die Pollen

Die Pollen enthalten hohe Anteile an Aminosäuren, darunter einige essentielle. Sie enthalten ungefähr viermal soviel Eiweiß wie Fleisch und zweimal soviel wie Käse. Die Pollen enthalten auch Glutamat, ein für die Hirnfunktionen wichtiger Neurotransmitter. Sie enthalten auch wesentliche Mengen an verschiedensten Vitaminen, unter anderem Vitamine der Gruppe B, Karotin, die Vitamine E und D. Durch ihren Vitamin-D-Gehalt werden sie, was das Lernen und die Gesundheit im Allgemeinen betrifft, zum wertvollen Ernährungszusatz im Winter. Die Pollen enthalten auch Rutin, ein Kohlehydrat, das von russischen Forschern entdeckt wurde. Das Rutin fördert die Elastizität und die Festigkeit der Kapillaren. Bei Personen, die unter Gedächtnisschwäche leiden, wird es oft als Ernährungszusatz eingesetzt, um eine gute Gehirndurchblutung zu gewährleisten.

Schließlich sollten wir einige Fakten erwähnen, die zwar nicht zentral, aber dennoch nicht uninteressant sind. Die Ausbreitung bestimmter ätherischer Öle in der Luft des Arbeitszimmers begünstigt die Entfaltung der intellektuellen Fähigkeiten. Citrus-, Vanillen- und Muskatöl erleichtern zum Beispiel die Aufmerksamkeit und die Konzentration. Eine Mischung halb aus Koriander- und halb aus Muskatöl fördert bekanntermaßen das Gedächtnis. Ätherische Öle zu verwenden ist einfach: Man braucht nur einen oder zwei Tropfen Öl zuerst in etwas Honig aufzulösen und das Ganze dann mit etwas lauwarmem Wasser zu vermischen. Diese Ölmischung kann man auch bei Massagen auf den Schläfen, hinter den Ohren und auf dem Sonnengeflecht verwenden.

Persönlich verwende ich oft eine Mischung aus Koriander-, Bohnenkraut-, Geranium-, Pinien-, Minz-, Rosmarin- und Muskatöl, um meine Konzentration zu fördern. Man braucht diese Mischung nur in die Schläfen, den Nacken, hinter die Ohren, in das Sonnengeflecht und entlang der Wirbelsäule einzureiben.

Der Ginkgobaum (Ginkgo biloba) steht seit einigen Jahren als Pflanze zur Förderung des Gedächtnisses im Zentrum des Interesses. Der Ginkgobaum wirkt anscheinend in gleicher Weise wie die Blütenpollen auf die Stabilität und die Elastizität der Kapillaren. Rein symbolisch gesehen ist der Ginkgobaum übrigens erwähnenswert, da es eine sehr alte Baumsorte ist und die Bäume mehrere Jahrhunderte überdauern können.

Zusammenfassend kann man sagen: Die verschiedenen gerade erwähnten Mittel sind zwar hilfreich, um die Konzentration und die intellektuelle Arbeit zu fördern, dennoch darf man nicht aus den Augen verlieren, dass unsere Lernfähigkeit von einer Reihe sehr verschiedener Faktoren abhängt, zu denen Ernährung, Familienatmosphäre, physische Betätigung, Selbstvertrauen (ein wesentlicher Aspekt) und Arbeitsmethoden gehören. Obwohl die Ernährung mehr als ein entscheidender Faktor ist, bleibt sie nur einer von vielen Faktoren, von denen die Konzentration und die Lernfähigkeit beeinflusst werden.

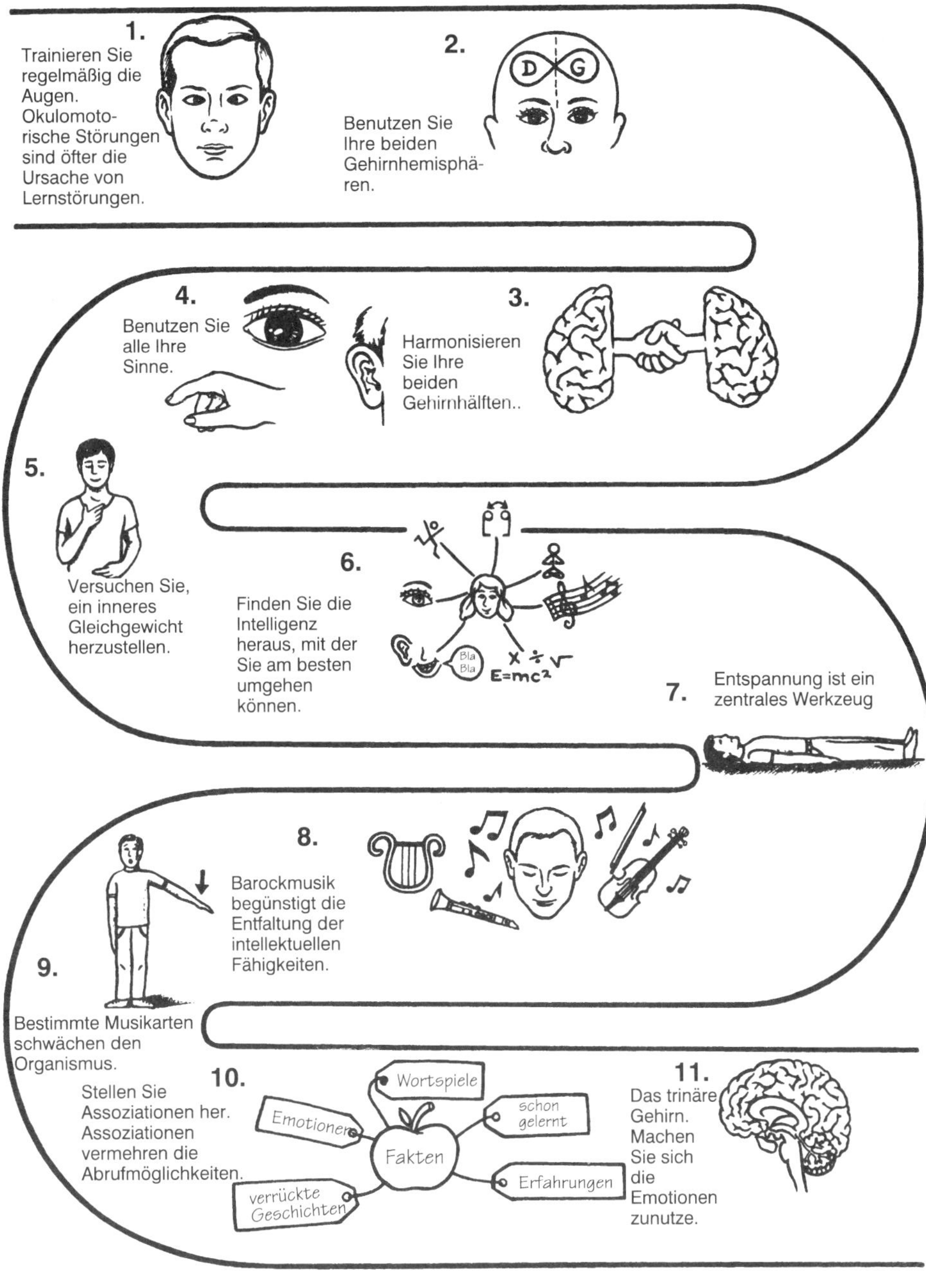

Zusammenfassung dieses Buches als Mind Map.

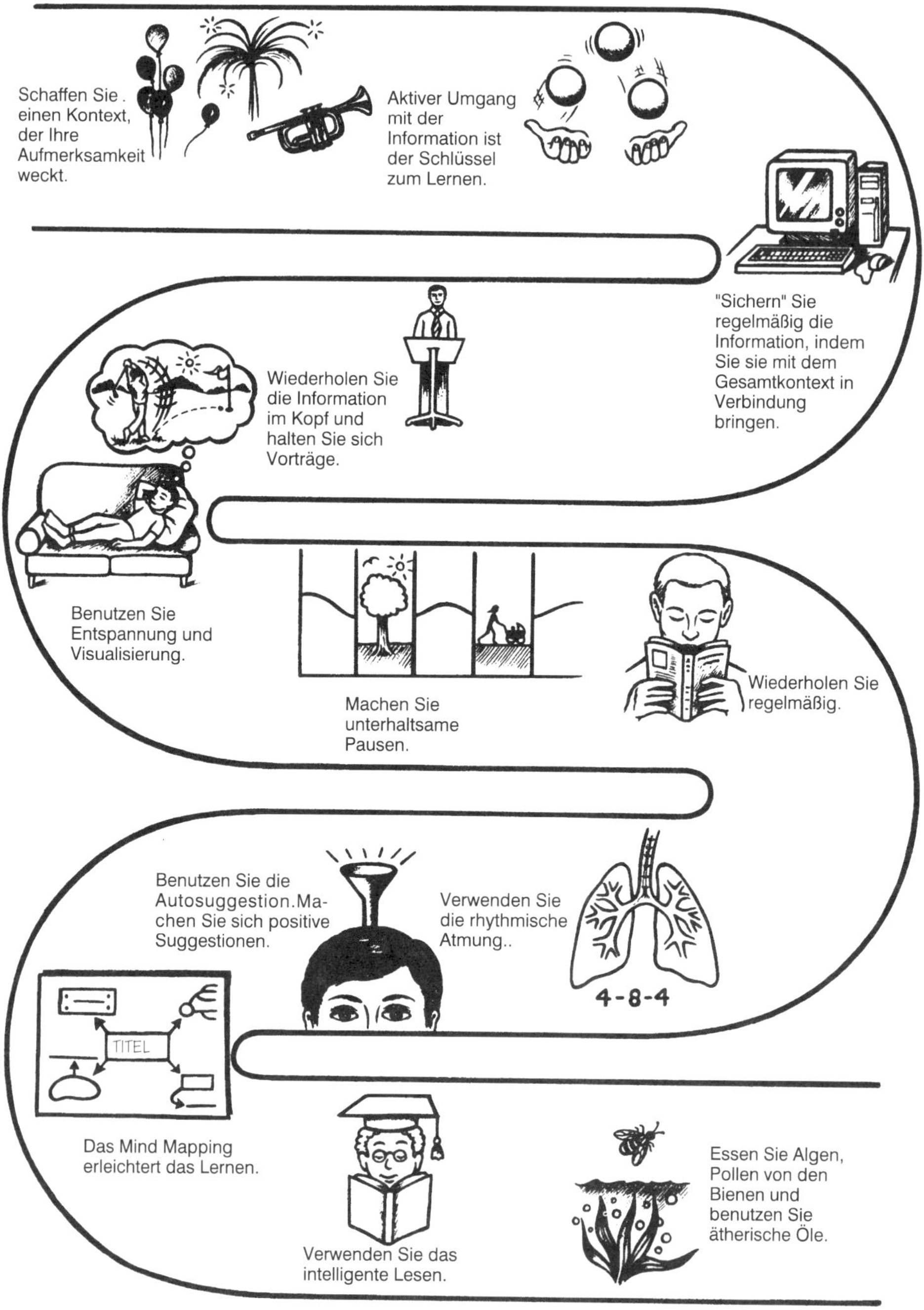

Zusammenfassung dieses Buches als Mind Map.

VERWEISE

Kapitel 3

Lösungen zu den Aufgaben im Kapitel 3.

Aufgabe Nr. 1

Entfernen Sie die acht Streichhölzer, die zwischen dem äußeren Rand und dem mittleren Quadrat liegen. Es ergibt sich folgende Figur:

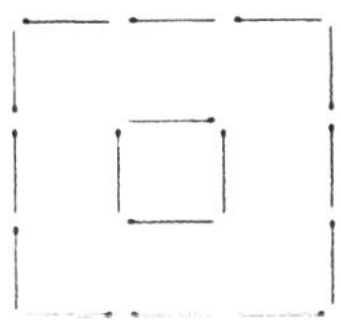

Aufgabe Nr. 2

Die Konstruktion besteht aus acht Würfeln mit je sechs Seiten, es sind also insgesamt 48 Seiten. Unter diesen Würfeln haften sechs an einem anderen. 48 - 6 = 42 sichtbare Seiten.

Aufgabe Nr. 3

Sie müssen eins der beiden Dreiecke nach oben kippen und mit dem sechsten Streichholz eine Pyramide mit vier gleichen Seiten bilden.

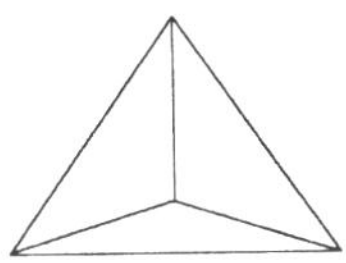

Aufgabe Nr. 4

Die Säule ist 60 m hoch, hat einen Umfang von 9 m und das Band umschließt die Säule mit 5 Windungen.

Die Länge des Bandes bei jeder Windung ist gleich der Diagonale eines Rechtecks von 12 m (60 : 5) mal 9 m, das heißt 15 m. Das Band ist also 75 m lang.

Aufgabe Nr. 5

Drehen Sie beide Sanduhren gleichzeitig um. Wenn die Sanduhr, die sieben Minuten läuft leer ist, drehen Sie sie wieder um. Die Elf-Minuten-Sanduhr läuft noch 4 Minuten. Wenn diese leer ist, drehen Sie wieder die Sieben-Minuten-Sanduhr um, die dann vier Minuten läuft. 11 + 4 = 15 Minuten.

Aufgabe Nr. 6

Jeden Tag wächst die Pflanze um die Hälfte ihrer Originalgröße. Um das Hundertfache ihrer Originalgröße zu erreichen, braucht sie folglich 198 Tage (200 Tage minus die Originalgröße, die dem Wachstum von 2 Tagen entspricht).

Problem Nr. 7

Die Antwort ist F.

Problem Nr. 8

Wäre die Konstruktion vollständig, bildeten sie 2 x 6 x 6 = 72 Steine. Da 12 Steine fehlen, besteht diese Konstruktion aus 60 Steinen.

Problem Nr. 9

Die erste und die vierte Kette sind identisch. Sie brauchen sie nur um 180 Grad um die eigene Achse zu drehen und das obere Ende nach unten zu legen.

Problem Nr. 10

Vier Pfeile im Kreis 17 und zwei Pfeile im Kreis 16: 68 + 32 = 100.

Kapitel 4

Lösung des Testes über die visuelle oder räumliche Intelligenz.

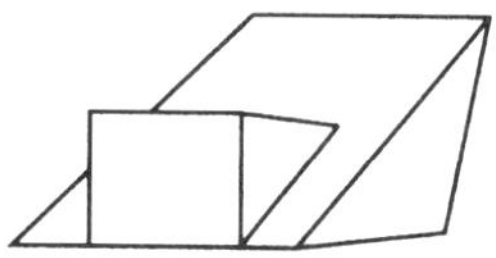

ANMERKUNGEN

[1] Bancroft, W. J: Discovering the Lozanov Method, Acc. Learning and Teaching, 1 (4), 1976, S. 263-268.

[2] Bei der rhythmischen Atmung nimmt man cinen bestimmten, festen Atemrhythmus an; dabei wird die Information gelesen, während man den Atem anhält. Auf diesen Aspekt wird im Kapitel über Superlearning und Passivkonzerte näher eingegangen.

[3] Bedanken möchten wir uns bei Dr. Bernard Bricot, Leiter des Internationalen Forschungszentrums für Statik in Marseille, der die „Posturologie" entwickelt und gelehrt hat, und bei Christophe Cron, der sie in Kanada (Quebec) eingeführt und weiterentwickelt hat.

[4] Diese von Jean-Pierre Sauvé eingeführte Übung mit dem Namen „équilibre assis" (Gleichgewicht in der Sitzstellung) gehört zu einer Therapie, die „restructuration posturale" (Haltungsumgestaltung) genannt wird.

[5] Carl Sagan: The Dragons of Eden, Random House, N. Y. 1977. Übersetzung aus dem Amerikanischen von Elke vom Scheidt. Droemersche Verlagsanstalt Th. Knaur Nachf. München/Zürich 1978, S. 195.

[6] Informationen über die Hemi-Sync-Methode sowie Musikkassetten und CDs sind im Internet verfügbar.

[7] Passen Sie das Beispiel Ihren Bedürfnissen an.

[8] Houde Nadeau; Cotnoir, Michelle und Bernard: Problemes nutritionnels et performance scolaire en milieux défavorisés. Conseil Scolaire de l'Île de Montréal Juni 1992.

BIBLIOGRAPHIE

Brewer, Chris et Campbell, Don G. *Rhytms of Learning*, Zephyr Press, Tuscon, 1991, 317 p.

Brissard, Françoise. *Développez l'intelligence de votre enfant par la méthode LaGaranderie*, du Rocher, Paris, 1988, 233 p.

Campbell, Don. *Music Physician for Times to Come*, Quest Books, Wheaton, 1991, 355 p.

Campbell, Linda. *Teaching and Learning Through Multiple Inteligences,* New Horizons for Learning, Stanwood, 1992, 219 p.

Edwards, Betty. *Drawing on the Right Side of the Brain*, G.P. Putnam's Sons Editions, New York, 1989, 254 p.

Boon, Henri; Davrou, Yves et Macquet, Jean-Claude. *La sophrologie*, Retz-C.E.P.L., Paris, 1976, 256 p.

Gardner, Howard. *Frames of Mind: The Theory of Multiple Inteligences*, Basic Book, New York, 1983, 450 p.

Grosjean, Nelly. *Aromathérapie*, Chiron, Paris, 1986, 282 p.

Healy, Jane. *Endangered Mind*, Touchstone, New York, 1990, 382 p.

Joudry, Patricia. *Sound Therapy for the Walkman*, Steel and Steele, Muenster Saskatchewan, 1989, 153 p.

Linssen, Robert. *Éducation créatrice*, Être Libre, Bruxelles, 1984, 159 p.

Lorayne, Harry et Lucas, Jerry. *The Memory Book*, Dorset Press, New York, 1974, 237 p.

Lozanov, Georgie, *Suggestology and Outlines of Suggestopedy*, Gordon and Breach, New York, 1978, 377 p.

Luria, Alexander A. *The Mind of a Mnemonist*, Harvard University Press, 1987, 160 p.

Margulies, Nancy. *Mapping Inner Space*, Zephyr Press, 1991.

Ostrander, Sheila et Schrœder, Lynn. *Les fantastiques facultés du cerveau*, Robert Laffont, Paris, 1980, 354 p.

Ostrander, Sheila et Schrœder, Lynn. *Super-Memory*, Carroll and Graf Publishers, New York, 1991, 432 p.

Ostrander, Sheila et Schrœder,, Lynn. *Super-Learning 2000*, Delacorte Press, New York, 1994, 436 p.

Prichard, Allyn et Taylor, Jean. *Accelerated Learning: The Use of Suggestion in the Classroom*, Academic Therapy Publication, California, 1980, 145 p.

Rose, Colin. *Accelerated Learning*, Accelerated Learning System Ltd, England, 1985.

Schuster, Donald H. et Gritton, Charles E. *Suggestive Accelerative Learning Techniques*, Grodon and Beach, New York, 1986, 233 p.

Shri Mahacharya Hamsananda. *Le Yoga de l'amour dans la force*, Albin Michel, Paris, 1990, 383 p.

Shri Mahacharya Hamsananda. *Naturopathie et Yoga*, Albin Michel, Paris, 1976, 269 p.

Tomatis, Alfredo A. *L'oreille et la Vie, Robert Laffont*, Paris, 1990, 277 p.

Uuchi, Felix. The Evolution of Accelerated Learning from Lozanov to the Present, SALT, Vol. 17, 1992, p. 43-116.

Wade, John. *Super Study: a New Age Study Guide*. Dellasta, Melbourne, 1990, 108 p.

Witt, Scott. *How to be Twice as Smart*, Parker Publishing Company, New York, 1983, 262 p.

Wycoff, Joyce. *Mindmapping*, Berkley, New York, 1991, 173 p.